서유미

마음아, 아직 힘드니

마음아, 아직 힘드니

프롤로그

무언가, 마음대로 안 되어 속상해하며 울먹이는 딸아이를 보았어요. 여러 상황들이 예측되며, 딸을 바라보는데 마음속으로 눈물이 났죠. 내가 부족한 게 많아서, 잘 못 챙겨서, 딸이 힘들어 보이는 걸까? 딸이 힘든 순간, 스스로 견뎌내야 하는 시간을, 안쓰럽다는 이유로 그것을 지켜보는 내 마음이 힘든 걸까?
 4살이 되던 해, 발레복을 입혀 학원을 보낸 적이 있어요. 수업 도중, 딸아이가 계속 울어 교실 밖으로 데리고 나왔죠. 그 순간 그 어린아이한테 화가 났어요. "예쁘게 발레복도 사줬는데, 왜 너만 우느냐고"

그때는 몰랐어요.

'화'가 났던 것은 딸아이를 향한 내 마음이 아니라, 쭈뼛대던 어릴 적 내 모습이 떠올라 '화'가 났다는 것을요. 학창 시절 동

_____

　안 끝없는 삶에 관한 질문으로 인해 저는 많이 방황했었어요. 스스로 해답을 찾지 못해 답답하고 힘들었죠. 그렇게 힘들었을 때 제가 듣고 싶었던 삶의 지혜를 세월이 지난 오늘, 귀한 인연을 통해 알게 된, 그 해답들을 '한톨 한톨' 담아 이 책에 담아보았어요. 그리고 지금까지 누구에게도 하지 못했던 저의 이야기를 잠시 하려 해요.

　중학교 3학년이 되던 어느 봄날, 너무나 사랑한 어머니를 하늘로 떠나보냈습니다. 하지만 아버지는 다음 해 재혼하셨고 저는 새로운 고등학교 생활에 적응해야 했기에 깊은 슬픔을 그 누구에게도 위로받지 못했어요. 시간이 흘러, 29살이 되던 찬 바람이 세차게 불던 생일날, 많이 의지해온 아버지마저 다시 떠나보내야 했죠. 너무나 고통스러운 순간이었지만, 현실적인 문제들을 해결해야 했기에 그 누구에게도 마음을 공감받지 못했어요. 무심한 세월은 그렇게 흘렀고, 34살 저는 결혼했었고, 다음 해 예쁜 아기를 낳았죠. 그런데 말이죠, 아이가 100일 되기 전 어느 날, 마지막까지 곁에서 함께 해주신 할머니마저 저의 곁을 떠나셨어요. 감당하기 힘든 슬픔이었지만, 아이를 돌봐야 했기에, 아기가 울 때 함께 목놓아 울며 마음을 혼자서 달랬던 시간이 있었어요.

결혼 후 아이를 낳고 저는 주부가 되었죠. 코로나가 잠잠해지고 아이의 학교생활도 정상화되면서 저 자신에게 집중하는 시간을 가질 수 있게 되었어요. 그리고 내면을 깊게 들여다보며 '나와의 소통'도 시작되었죠. 그러던 중, '최경규의 행복학교' 스승님의 지혜로운 가르침으로 마음 치유 글쓰기에 도전하며, 마음을 단단히 다지고 새로운 나를 만드는 꿈을 키웠어요. 이 책은 그 과정에서 함께 나누었던 이야기들을 스승님과의 대화를 통해 글로 엮어 만들 수 있게 되었답니다.

마음의 상처는 세월이 흘러 어른이 되어도 그냥 사라지지 않더라고요. 충분한 위로를 해주고 공감받아야 진정 내면 자아와 함께 성장할 수 있어요.

 유난히 무더웠던 2024년의 여름날을 떠올려 봅니다. 종일 앉아 글을 쓰느라 순환이 안 되어 다리 통증으로 힘들었던 그날이 생각나요. 통증보다 저를 힘들게 했던 것은 아주 깊은 아픔의 상처를 되뇌며 마주 보는 일이었어요. 인생에서 가장 힘들었던 시간을 보낸 곳으로 가 그때를 기억하는 일은 누구에게나 힘들잖아요. 하지만 더 이상 피하지 않고, 마주 보며 글로서 감정을 승화시키면서 성장하는 나로 변화할 수 있었어요.

 이 책은 그렇게 저처럼 '자신'을 돌아보지 못한 사람들에게 조금이나마 용기를, 마음의 위로가 되었으면 하는 바람으로, 부족한 글솜씨이지만 쓸 수 있게 되었답니다.
 함께 공감해 주셔서 깊이 감사드립니다.

서유미

## 추천사

진정한 성장은 지난 과거를 마주할 수 있는 용기에서 시작되고, 오늘을 감사할 수 있는 마음, 내일 변화될 수 있다는 믿음에서 힘을 얻는다. 지난 시간 그의 조용한 성장을 지켜보며 눈물과 위로를 보내기도 했었고, 또 어느 날은 미소와 응원을 전하기도 했다. 그런 하루하루라는 소중한 점들이 모여 칼럼이라는 선이 만들어질 수 있었고, 그 선들이 모여 오늘, 책이라는 결정체를 만들 수 있게 되었다.

이 책은 이 시대를 살아가며 상처 입은 천사들에게 보내는 그의 진심 어린 메시지이다. 때로는 투박할지 모르는 언어라 할지라도 글을 쓰며 상처를 치유할 수 있었던 그는 오늘도 글을 쓰며 세상 사람들에게 '공감'이 우리 삶에 가져다주는 위대한 역할에 대하여 강조한다.

왠지 모를 인간관계, 나와의 소통이 어려운 시기라면 분명 공감이라는 마음이 결핍되었을 가능성이 크다. 그때 이 책은 당신에게 편안한 가르침을 줄 것이다.

최 경 규
행복학교 교장, 글로벌 행복아카데미 대표이사,
〈나만 몰랐던 행복〉〈마음치유〉〈당신 잘못이 아닙니다〉의 저자

 목차

프롤로그

1. 마음의 풍경

16    자신과 대화하는 시간
20    첫인상을 너무 믿지 말아요
24    소통 잘하고 계시나요?
30    감정의 원인
34    현실 수용의 힘
38    "너는 어떤 사람이니?"
42    이별의 기억
47    혼자 있는 능력의 힘
51    눈을 감아야 보이는 '옛 풍경'
56    나만의 길 찾기
61    마음의 힘을 깨우기
67    삶의 뿌리를 단단히 내리는 애착

## 2. 행복의 발견

74  삶의 주인
78  행복을 위한 마음가짐
83  있는 그대로의 아름다움
87  경험과 연습을 통한 내면의 평화
92  인연의 끝
97  마음의 허기
101 우리는 언제쯤 세상을 다 알까?
107 행복의 비밀
111 결이 맞는 인연
115 따뜻한 마음의 연결
119 화려한 인맥보다 중요한 성장의 열쇠
123 동생과 길고양이의 인연
127 인생의 자전거 여행
131 기회의 발견
135 성장을 위한 관점의 전환
139 연민은 최고의 공감
144 삶 속에서 배워야 할 것
148 좋은 사람의 길
152 마음을 위로해주는 대상 찾기
158 내면 아이야?
163 솔직한 대화
167 자신을 말로 표현하는 힘
171 노력의 변화
175 기분 좋은 삶의 비밀

## 3. 감정과 성장

- 180 불안이라는 감정
- 184 삶의 의미
- 189 공감받으며 살고 계시나요?
- 194 감정을 들여다봐요
- 198 희망 고문
- 202 삶은 고통
- 208 '쉼' 잘하고 계시나요?
- 212 사랑은 표현해 줘야 알아요
- 217 상상의 힘으로 꿈꾸는 삶
- 221 자기 돌봄의 위로
- 226 서로 다른 삶의 무게
- 230 감정의 단어묘사
- 235 아픔도 다리미로 '쫙' 펴요
- 240 모든 것은 변해요
- 244 삶의 리듬감
- 248 유연한 사고
- 253 MZ 세대 우울증
- 258 인연
- 263 나만의 트랙에서 탈출
- 269 가치 있는 연결
- 274 사랑하라, 한 번도 상처받지 않은 것처럼
- 279 행복을 찾는 여행

# 1 / 마음의 풍경

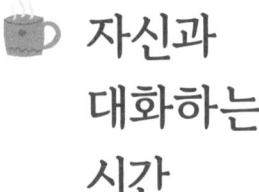
# 자신과
# 대화하는
# 시간

 어릴 적에는 부모님께 칭찬받는 일이 가장 큰 기쁨이고 행복이었죠.
학생이 되니 인정받고 싶었고 어른이 되면서는 지켜드리고 싶었어요.

늘 먹고사는 일로 바쁘고 가족들을 지키기 위해 헌신만 하신, 당신들의 몸은 뒷전이셨던 부모님을 떠올리면 마음이 아프고 슬퍼져요. 저는 정신적 지주였던 부모님을 떠나보내고 나서 모든 것들이 흔들리기 시작했어요. 모든 희망과 의욕 없이 무기력해졌죠. 마치 나를 위한 삶의 목표는 없이 부모님에게 인정받고 사랑받는 것만을 위해 살아온 사람처럼 말이에요. 무엇보다 그렇게 마음을 잡지 못하는 나에게 너무 '화'가 났어요.

어릴 적부터 부모님의 관심을 끌기 위해 의식적으로 행동하며 웃어 보였고, 눈치를 보며 부모님이 좋아하는 쪽으로 행동했고, 불편해도 아무렇지 않은 척했어요. 정작 나의 감정과 욕구는 느끼지 못하고 중요하게 여기지 않으면서 상대의 마음에 더 관심을 보이고 중요하게 생각했던 것 같아요.

나의 중요한 감정을 누르면서까지 무의식적으로 배려하는 행동을 했고 배려를 통해서만 즐거움을 찾는 사람처럼 굴었죠.

그런데, 그게 아니었어요.
저는 상대방을 배려하면서 불편했어요. 내면에 결핍, 분노의 감정들이 생각보다 너무 크고 깊게 자리 잡고 있었고 사실은 저도 보살핌의 대상이 되고 싶다고 생각했죠. 습관이라는 건 참 무서워요. 잘못된 배려가 저를 점점 시들게 만들었고 결국 티가 나기 시작했죠. 사람들은 그런 제 모습을 보며 "너 괜찮아?"가 아니라 "너 나한테 불만 있어?", "요즘 달라진 것 같아"라고 반응했어요.

그래서 나를 지키기 위해 '내면'에 집중했어요.
태어나서 현재까지의 나를 되돌아보고, 무엇이 나를 이렇게 힘들게 하는가?
이런 감정들은 어디서부터 시작이 되었는가?
그 감정들은 왜 일어났으며, 어떻게 다스려야 하는가?

숨은 감정들을 찾기 시작했고, 내면을 더 깊게 자세히 들여다 봤어요.
슬픈 감정들은 위로, 공감해주고 분노와 부정적인 감정들은 이해해주며 토닥여 줬어요.

스승님께서는 말씀하신다.

"제자님

마음은 얼마나 더 아파야 아프지 않을까요?

얼마나 더 울어야 눈물이 나오지 않을까요?

어른이 되어,

찬 바람 부는 현실 속에서 깨지고 일어서다 보면

내 모습은 바래진 사진 속의 부모님을 닮아있지요.

살아가다 보면 깨우치고 성숙하면서

자립하는 순간이 와요.

급하지 않게 하나씩 잘 헤쳐 나가 보기로 해요."

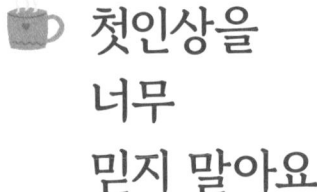 # 첫인상을
너무
믿지 말아요

　사람을 처음 만났을 때 첫인상이 마음에 들어야 호감이 가고, 그 사람이 궁금해지고 질문도 해보고 싶어지죠. 그런데 첫인상이 마음에 들지 않으면 어떨까요? 그 사람과 같이 있는 것도 싫을 거예요.

그런데요.

**첫인상**에 너무 기여도를 두지 마세요.
첫인상을 무시하라는 말이 아니라, 누군가를 처음 만난 순간의 인상이 그 사람의 참모습을 못 보게 할 수도 있다는 것이죠.

첫인상은 마음에 들지 않았지만, 시간이 지날수록 함께 웃을 수 있는 사람이 있고, 따뜻한 인상으로 다가왔지만, 알면 알수록 나를 힘들게 하는 사람도 있지요.

「메리 앨런 오툴과 앨리사 보면 '첫인상은 항상 배신한다.' 에서 말한 것처럼 첫인상을 너무 믿지 말아요.」

그러면,
*좋은 사람은 어떤 사람일까요?*
*더 좋은 사람이 되고 싶다는 마음을 불러일으키는 사람,*
*또 보고 싶고 닮고 싶고 함께 성장할 수 있는 사람이라고 생각해요.*

봄날의 햇살처럼, 우리의 마음을 포근하게 감싸주는 사람이 있어요. 마음의 평정심을 느끼게 해주고, 진짜 내 모습을 찾아갈 수 있도록 도와주죠. 행복과 슬픔의 감정을 진솔하게 나누며, 삶의 풍요로운 경험을 끌어낼 수 있는 사람이라 할 수 있겠지요.

*안 좋은 사람과 함께 한다는 것은요.*
먹구름이 가득한 하늘처럼 마음을 어둡고 가라앉게 만들어요. 그들은 돋보기로 보듯 단점을 크게 확대해서 바라보며 지적하고 명령해요. 가시로 찌르듯 상처를 주며, 마음을 불편하고 초조하게 만들어버리죠.

누군가와 있을 때 자꾸만 자신감이 하락하고, 부정적인 감정이 마음속에 자리 잡고, 점점 초라해지고 자주 '화'를 내는 '나'를 발견한다면 그들과의 만남은 신중하게 다시 생각해봐야 해요.

스승님께서는 말씀하신다.

"제자님
사람의 매력도 오래 보아야 제대로 보이지요.
첫인상도 중요하지만, 사람은 많이 겪어보고
만나보아야 상대의 본심을 느낄 수 있어요.

긍정적이고 선한 영향을 주는 좋은 사람을
항상 곁에 두세요.
그 사람의 좋은 성품을 많이 보며 좋
은 것들에 물들기로 해요."

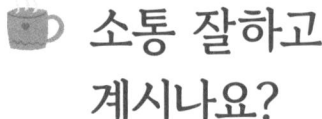 # 소통 잘하고 계시나요?

제가 생각하는 좋은 소통은요.

**하나. 사람 중심 대화**
성격유형 MBTI 테스트가 유행하면서 한동안 "너 T(이성적 감성)야?", "너 F(감수성이 풍부)야?" 같은 말들을 많이 하게 됐죠.

"내가 속상해서 빵을 샀어." 이 말에 뭐라고 답하시겠어요?

"빵 샀어? 무슨 빵 샀어? 어디서 빵 샀어? 얼마 주고 샀어?"

이렇게 사람 외의 배경에만 관심을 가지시는 분이 계시는데요.

**소통을 잘하려면 사람 중심의 감정 대화가 이뤄져야 해요.**
"무슨 일 있었어?", "지금은 너의 기분이 어때?", "많이 속상했구나!" 하면서 마음을 들여다보고, 속상하다는 감정에 공감하고 물어봐 줘야 한다는 거죠.

우리가 깊은 대화를 하게 되면요.
"내가 어떤 감정을 느끼는지, 왜 이런 감정이 일어나게 되었는지 나도 모르겠어." 할 때도 있어요. 우리는 그럴 때 당황스럽죠.
그것은 아직도 나에 대해, 내 감정에 대해 잘 모르기 때문일 수 있어요.
자신과의 대화를 통해 평소에 본인 감정에 대해 많이 느껴보고, 왜 그런 감정을 느끼게 되었는지 스스로 많이 깨우쳐야 해요.

## 둘. 경청하는 대화

나의 편견을 버리고 상대방의 이야기에 편안하게 귀를 기울여 보세요.

우리는 누군가의 이야기를 들을 때 내가 살아온 경험, 환경, 지식을 바탕으로 듣고 싶은 것만 듣고 바로 판단하고 해석해 버리기 쉽죠. 그러면 어떻게 될까요? 경청에 방해가 돼요. 있는 그대로의 모습을 볼 수가 없게 되지요.
**편안하게 상대방의 있는 그대로 모습에 집중하고, 감정을 파악하면서 관심과 호기심을 가져봐요.**

쉬운 예로, 소중한 사람과 함께 식사를 할 때 상대가 "조금만 주세요."라고 마음을 정확히 표현해도, 더 주고 싶은 마음에 "많이 먹어야지." 하며 밥이나 반찬을 많이 주는 경우가 있어요. 그럴 때 상대는 고마운 마음보다 화가 날 수 있어요. 조금만 달라고 한 자기 말을 무시했다는 생각이 들고 먹기 싫은 음식을 많이 먹어야 하니까요. 잘못된 경청과 배려가 된 거죠. "입맛이 없는 거니?", "네가 좋아하는 음식은 뭐야?" 같은 열린 질문과 답변으로 더 나은 해결책을 찾아보는 것이 중요하다고 생각해요. 그래야, 상대방이 존중받는다는 느낌이 들지 않겠어요?

## 셋. 진심 어린 공감과 열린 질문

상대의 이야기를 열심히 공감하고 듣고 있었어요.
근데 갑자기 "내 마음도 몰라주고 서운해."라고 말해요.
이건, 좋은 소통이 안 되었다는 거죠.

*우리는 대화를 하면서 감정을 파악하고, 감정의 눈치를 봐야 해요.*
*그래야 서로 감정 표현을 좀 더 자유롭게 할 수 있어요.*

진심으로 깊은 공감을 해주고 싶다면, 상대에게 직접 물어봐 주면 좋겠어요.

"어떤 공감을 받기를 원해?"

"들어주는 것만으로도 좋아"
"잘할 수 있게 응원해 줘.", "그냥 위로해 줘."
"네가 생각하는 해결 방안을 말해줄 수 있어?"
이렇게 상대가 원하는 바를 들을 수 있을 거예요.

좋은 소통은 하고 나서 기분 좋고, 존중받았다는 느낌이 들 때 아닐까요?

스승님께서는 말씀하신다.

"제자님
상대가 진심으로 마음을 열 침묵의 틈과
시간이 중요하지요.
상대가 마음의 문을 연 그때,
제대로 경청하고 질문하고 공감하며
서로의 마음을 위해준다면
좋은 소통이 될 수 있겠지요."

# 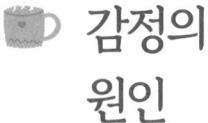 감정의 원인

누군가가 사무치게 그리울 때, 극심한 공포로 불안감을 느낄 때, 행복하거나 슬플 때, 우리는 마음속에 일어나는 감정을 통해 살아있음을 느껴요.

늘 행복을 추구하고 잘 살아내기를 바라지만, 삶에 놓인 환경에 따라 경험과 느끼는 감정도 달라지죠. 그것은 좋은 감정일 수도 있고 나쁜 감정일 수도 있어요.

우리는 관계를 맺으면서 타인에 의해 많은 감정을 느껴요. 나의 결핍으로 부족함이 느껴질 때, 그 결핍이 잘 채워진 타인을 보면 '부럽다'라는 감정이 생겨나기도 하고 싫어하는 나의 모습이 상대에게 비칠 때, 이유 없이 그 사람이 싫어지기도 해요.

*우리는 그런 감정이 왜 생겨나는지를 알아야 해요. 이런 감정이 생기는 이유를 알기 위해서는 나 자신부터 들여다봐야 하지요.*

모든 감정은 내면에서 시작돼요. 누군가를 사랑하게 되었을 때, 있는 그대로의 그 사람을 사랑하게 된 것인지, 나의 잠재되고 억압된 감정으로부터 사랑을 느끼게 된 것인지, 명확히 구분하는 것이 중요하지요.

왜냐하면 억압된 감정으로부터 시작된 사랑은 시간이 지난 후, 왜곡되어 다른 감정으로 나를 괴롭힐 수 있어요. 내면의 소리에 집중하여 스스로 많은 질문을 던지며 해답을 찾기로 해요.

누군가를 있는 그대로 사랑하게 되면 나의 있는 그대로의 모습도 편히 표현하게 되죠. 저는 좋아하는 사람들을 보면 기분이 좋아지고 장난을 잘 쳐요. 긴장되었던 마음이 무한 해제가 되면서 동심으로 돌아가고 싶어지죠.

어른이라고 해서 꼭 점잖게 있어야만 하고 현실에 집중해야만 하는 건가요.
어린아이처럼 서로의 눈을 보고 웃고 즐겁게 장난치며 즐거운 대화를 하고 싶을 수도 있잖아요.

감정의 내면을 깊게 들여다보고 서로의 감정을 이해하고 공감하며 '진정한 나'의 모습을 자주 표현해 보기로 해요.

스승님께서는 말씀하신다.

"제자님
자기 성찰은 자기 이해와 자기 수용을 도와주지요.
우리가 자신을 이해하고 받아들일 때, 더 나은 인간관계를
형성하고 자신을 더욱 사랑하고 존중할 수 있어요.

자신을 있는 그대로 사랑할 수 있는 사람은
타인도 진심으로 사랑할 수 있지요.

나의 욕구로부터 일어나는 감정에 대해
그 감정의 원인, 현상을 파악하고 극복하기 위해서 어떻게
행위를 할지 스스로 질문하며 해답을 잘 찾아봐요.
모든 것은 나로부터 출발해요. 나의 마음에 중심이 잘 서면
후회할 일을 줄여나갈 수 있겠지요."

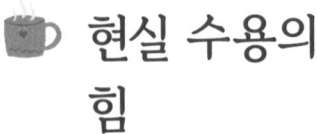 # 현실 수용의 힘

중학교 1학년 때, 어머니께서 병원에 입원했을 때 일이에요. 담당 의사 선생님과 함께 엘리베이터를 타고 1층으로 내려갔어요.

의사 선생님께서 저를 안쓰럽게 쳐다보시면서 이렇게 말씀했어요.
"세상에는 아직 못 고치는 병이 많아요.
학생이 의사가 되어 어머니 병을 낫게 해주세요."

만약 드라마 속 장면이었다면요.

아이가 그 말을 듣고 비장하게 공부해서 의사가 되어 어떻게든 어머니를 살려내겠죠. 그러나 현실 속에서의 나는 그렇지 못했어요.

의사가 되지는 못했지만 그래도 성장하면서 스스로 아픈 마음을 달래며 또, 다른 사람의 마음도 보듬어 주는 이가 되고 싶었어요. 근데 고등학교 때 친구가 하는 말이, "네 마음도 힘들고 위로받고 싶고 혼란스러운데, 다른 이의 마음을 헤아리고 싶니?"였어요.

맞아요. 힘들 때는 내 마음도 많이 요동치고 스스로를 돌보기도 어렵지요.

먼저 내 마음을 헤아릴 수 있는 능력을 갖추고, 더 나아가 나뿐만 아니라 다른 이의 마음도 보듬어 주고 싶었어요.

감당하기 힘든 현실은 언제나 받아들이기가 힘들고, 회피하게 돼요. 그럴 땐 좋은 상상을 하며 기분을 좋게 만들어 보지만 다시 현실을 직시할 땐 무서운 마음이 들어요.

봄, 여름, 가을, 겨울이 순환하며 다양한 풍경을 만들어내는 것처럼, 다채로운 **현실을 조금씩 받아들일 때,** 원래 나의 진정성 있는 모습으로 성숙하게 성장해 나갈 수 있어요.

🌿
스승님께서는 말씀하신다.

"제자님
오랜 기억이라는 감정이 나를 힘들게 한다면 자기 이해와 받아들임이 해결책이지요. 받아들임이 안 될 때 자신을 속이고 괴롭히게 돼요. 있는 그대로의 현실을 받아들이면 자신을 보호하고 치유할 힘도 생겨나지요.

마음의 평온을 유지하는 일은요.
내 마음을 이해하고 현실을 받아들이는 것부터 시작해요.
그리고 내가 잘살면 돼요.

그럼, 잘산다는 것은요.
남에게 피해 주지 않고 지나간 인연에 너무 몰입하여
나를 괴롭히지 않아야 해요.

그 후 내가 더 성숙해졌을 때
남을 도우며 마음의 평온을 유지해 나가는 거지요.

일정한 시간을 두고 루틴을 만들며
소중한 내 사람들을 잘 형성해 봐요.

그것에 몰입하며 성취감을 느낄 때 좀 더 나은 삶, 좋은 세상을 만들 수 있는 동기 유발이 돼요."

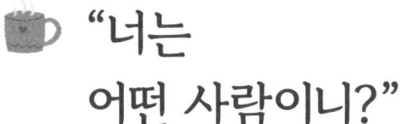 ## "너는
어떤 사람이니?"

    우리는 일상에서 사랑하는 사람, 좋아하는 사람, 싫어하는 사람 등 타인에 대하여 자주 생각하죠. 그보다 더 중요한 것은, '나는 어떤 사람인가'를 먼저 생각하는 것이에요.

혼자 있는 시간에 나에게 물어봐 줘야 해요.
"너는 어떤 사람이니?"
"무엇을 할 때 가장 행복하니?"

저의 경우 주부의 삶보다 사회성을 기르며 사람과의 관계를 형성해 나가는 것을 좋아하고 그 관계 속에서 행복, 기쁨, 보람을 느낀다는 것을 알게 되었어요.

진정한 나를 알려면요. 내가 누구인지 이해하고 자아를 찾아가는 과정이 필요하지요.

많은 질문 속에서 자신에 대한 확신을 가져야 해요. 나의 성향에 대해 관찰하고 삶을 바라보는 가치관에 대해 생각해보는 거지요. 내가 어떤 사람인지를 잘 알고 있는 것이 행복으로 가는 첫걸음이라고 생각해요.

삶이 내가 원하는 방향과 다르게 흘러갈 때, 우울한 감정으로 힘든 시간도 있었지만, 그 속에서 나 자신을 돌아볼 수 있었어요. 어두운 동굴 속에서 따뜻한 햇볕을 찾아내는 것처럼, 그 과정을 통해 내면이 더 단단해질 수 있었죠.

살면서 느끼는 고통과 슬픔도 자신만이 조절할 수 있어요.

누군가로 인해 삶이 좋아질 수 있지만, 그건 일시적이에요. 내가 느끼는 모든 감정은 내가 만들어내는 것이고 그것에 대한 책임도 스스로 져야 해요. 행복도 결국 나의 선택이고 그 선택의 길을 풍성하게 만들어 나가는 것도 자신이 되어야 하죠.

나를 지켜내는 일도 중요해요. 그러기 위해서 우리는 살면서 들려오는 냉정하고 공격적인 말들은 무시하고 따뜻한 말들에 집중해야 해요. 또, 자신에게 따뜻하게 대하며 나를 좋아해 주는 사람과의 시간을 늘려 삶을 즐겁게 만들어 봐요. 그런 노력들로 마음을 편안한 상태로 유지하며 평온하기를 바라요.

스승님께서는 말씀하신다.

"제자님
'나의 삶'은 나의 것이지요.
오직 나만이 나를 구할 수 있어요.
충분히 아픈 후, 다시 제대로 일어설 수 있어야 해요.

내가 어디에 더 집중하느냐에 따라
행복의 수치도 달라져요.

중요하고 원하는 것을 먼저 생각하여
나의 중심에 두고 실현해 봐요.

행복도 저축하지 마시고 행복한 감정을
많이 누적해 나가며 노출하고 표현해 보기로 해요."

# 이별의
# 기억

**그건 사랑 中** - 이창미 -

함께 있는 것만으로도 설레고

좋아 죽을 것 같은 그 사람

매일 같이 있고 싶다고

매일 보고 싶다고

얘기하는 그 사람

이별이 아픈 것은, 그 사람을 향한 내 마음이 진심이었기 때문이겠지요. 함께 했던 추억의 시간이 소중했다는 것이고, 더 이상 추억을 함께 만들어 갈 수 없어서 슬프죠.

누군가는 사람에게 받은 깊은 상처를 동물에게 위로받으며 안정을 느껴요. 그렇지만 그 동물과도 마지막 순간을 맞이해야 하죠.

성장하면서 많은 인연과 작별 인사를 했어요. 이별 후 견디는 시간은 으레 고통스럽고 힘들었지요. 한편으로는 나만의 동굴이라는 안식처에서 많은 시간을 가졌고 그 덕분에 지금은 더 성숙해졌으며 마음도 편안해졌어요.

추억은요.
하얀 스케치북 위에 멋진 풍경을 담아내는 것과 같죠.
다양한 글과 노래의 환상적인 화음으로 과거를 회상시켜내요.
추억이 쌓일수록 삶은 더 풍성해지고, 일상의 좋은 경험이 늘어나며 행복감도 커져요. 이별의 감정 기억으로 힘들다면, 좋은 사람들과 좋은 감정 기억을 더 많이 만들어 봐요. 그러다 보면, 점점 일상에서의 활기도 되찾을 수 있고 성숙한 마음이 더 아름다운 사랑을 만들어 갈 수 있어요.

좋았든, 슬펐든 그 감정 기억들이 나를 마음대로 움직일 수 있는 리모컨이 되게 하지 말아요. 이별로 인해 힘든 마음이 나의 시간을 가둬버렸다면, 마음을 자세히 들여다보며 스스로 위로와 격려를 해봐요. 무언가를 상실한 이후라면 더욱 적극적이고 객관적으로 나를 관찰하며 삶의 나침반을 잘 따라가 보기로 해요.

스승님께서는 말씀하신다.

"제자님

너무 진지하기만 하면, 삶이 때론 힘들어져요.

아이들이 바라보는 맑은 세상처럼

호기심 가득한 장난도 쳐보고 새로운 일에 도전하며 몰입

해 보면 어떨까요?

사람은요,

몰입할 때 사랑도 커지지만, 슬픔도 잊혀 가지요.

어떤 일을 시작해보고 그 시간을 늘려갈 수 있다면

슬픔의 무게도 줄어들 수 있어요.

아픔을 계속 되뇌다 보면, 더 크게 느껴져요.

아픔의 자리에 새로움을 채워보시면

그 자리에 다시 빛을 낼 수 있어요.

그 빛을 따라가다 보면 언젠가 아픔은
자연스럽게 나을 수 있겠지요."

# 혼자 있는 능력의 힘

혼자 있는다는 것은 고립이나 외톨이가 되는 것이 아니에요. 혼자 있는 능력은 자신이 가진 힘으로 독립적으로 생활하고 자신을 보호하며 지키는 것이죠. 우리는 편안하게 자기 내면과 만날 때, 다른 사람의 기대나 강요와 관계없이 자신이 정말로 필요로 하고 원하는 것을 발견할 수 있어요.

자주 외롭다고 느낀다면 아직 홀로서기가 완전히 안 되어 그럴 수 있어요. 저는 결혼 후, 홀로서기가 안 되어 자주 외로움이 밀려왔어요. 홀로서기를 하기 위해 내면을 다지면서 외로운 감정도 많이 사라졌죠.

홀로서기가 잘 되면 자신을 조절하는 힘이 생겨 혼자서도 잘 생활할 수 있어요.

**자립은** 남을 배려하고 소통하는 능력을 갖추는 것이기도 하며 그로써 다른 사람들과도 원활하게 지낼 수 있죠. 자립하기 위해서는 많은 시행착오와 노력이 필요해요.

눈을 감고 마음의 작은 소리를 들어 보세요. 나를 알아야 자신을 돌볼 수 있어요. 홀로서기는 그때부터 시작이며 그것은 진정한 자유인이 되는 길이죠.

『영화 '흐르는 강물처럼'에 나오는 대사에 공감해요.
 "우리가 어느 한 사람을 완전히 이해할 수는 없지만
 완전히 사랑할 수는 있습니다."』

**우리가 외로움을 느끼는 것은** 어쩌면 나를 온전히 이해해

주는 사람이 없기 때문일 수 있어요. 공감받는 것과 진정으로 이해받는 것은 달라요. 각자의 삶이 다르기에 누군가가 나의 모든 면을 완전히 이해할 수는 없겠지만, 나의 깊은 내면까지 이해하기 위해 노력해주는 사람이 곁에 있다면 그것만으로도 큰 위안과 기쁨이 될 거예요. 나를 완전히 이해하지 못한다는 것은 당연한 일이며 누구의 잘못도 아니에요.

홀로 있음을 통해 내면의 목소리에 귀 기울여 봐요. 타인에게 완전히 이해받아야만 한다는 욕심을 내려놓고, 타인이 주는 사랑을 소중히 받아들이고 헤아려 보아요.

스승님께서는 말씀하신다.

"제자님
사람을 이해하기 위해서는 사랑과 관심, 그리고 배려가 필요해요.
한 면만을 보고 판단하려고 하면 비판적인 마음이 생길 수 있어요.

전체적인 흐름을 파악하려 노력하고, 배려하는 마음으로 진실한 소통을 해보면 사람마다의 아픈 사연이 다 있지요.

진실한 사람과 따뜻한 소통도 해보시고
상대의 마음도 헤아려 보며 넓고,
깊은 마음을 가져보아요."

# 눈을 감아야 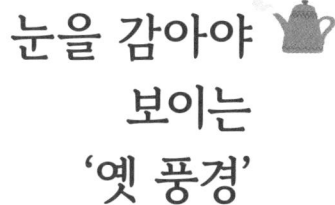 보이는 '옛 풍경'

옛날 추억은요. 눈을 감아야 뚜렷하게 보여요. 어릴 적 살던 동네는 재개발되어 높은 아파트가 많은 새로운 동네가 되었죠. 이제 그때 그 길을 찾아가도 추억의 옛길은 볼 수 없어요. 그러니 눈을 감아야만 어릴 적 보았던 그곳의 풍경들이 펼쳐지죠.

어느 추운 겨울날 어머니께서 겨울 코트를 여러 벌 사주셨던 기억이 나요. 너무 행복했어요. 예쁜 새 옷을 2~3벌 사주시니 얼마나 좋았게요. 생글생글 웃으며 좋아하는 나를 보며 어머니께서 말씀하셨어요. "엄마가 없으면 네가 아빠와 동생 잘 챙겨." 어머니는 아셨나 봐요. 자신의 수명이 얼마 안 남았다는 사실을요. 어린 나이에 들었던 그 말은 평생 그림자처럼 따라다녔어요. 현실의 벽에 다다를 때면 그 말이 떠올라 더욱 심각, 예민해졌고 마음은 항상 무거웠죠.

결혼해서 아이를 낳고 어머니의 나이를 지나 보니 이제는 어머니의 마음을 이해할 수 있지만, 그 당시 어린 나에겐, 그 말의 무게가 너무 버겁고 힘들게 느껴졌어요.

어머니의 인생을 생각해 보면 얼마나 화병이 심했게요. 몸, 마음도 고생이 많았겠지요. 저의 어머니, 아버지께서는 누구보다 열심히 사시고 삶의 무게를 잘 버텨내셨어요. 목숨을 다하는 순간까지도 1초라도 삶과 연결되기 위해 최선의 노력을 다하시는 모습을 보여주셨고, 부모 없이 살아갈 삼 남매를 걱정하셨죠. 아버지께서는 마지막 순간에도 삼 남매를 향해 "아버지 없어도 꼭 열심히 살아야 한다."라고 눈시울을

적시셨어요.

평범하게 잘 산다는 것은요. 현실 세계에서는 제일 어려운 일일 수도 있어요. 세상은 내 뜻대로 되지 않는 만만하지 않은 곳이잖아요.

함께 했던, 사랑하는 사람들이 세월이 많이 흐른 지금도 내 곁을 지키고 있다면 그게 가장 큰 행복이고 행운일 수 있어요.

저는요. 꿈속에서 어른들을 만나요. 꿈에서 할머니 혹은 아버지께서 등장하시면, 나 보란 듯이 잘살아가고 있고 잘 해내고 있다고 자랑해요.

한번은 할머니께서 꿈에 나오셔서, "너희들 사는 게 마음에 안 들어.", "좀 더 열심히 살아."라고 하셨죠. 꿈인데도 "얼마나 열심히 살고 있는데, 할머니 기준에서 보면 안 돼." 크게 소리 내며 깬 적도 있어요.

어른들 만나게 되면 얼마나 고자질할 이야기가 많고 칭찬받고 싶은 일들이 많은데요. '다 받기만을 바라왔었던 난, 그대 소중함을 이제야 알죠.'

말 안 해도 나의 옛 모습들을 다 알고 있는 사람
조건 없이 사랑하고 믿어주고 내 편이 되어 주는 사람
나의 작은 이야기도 좋아서 덩실거리며 남에게 자랑하는 사람

진심으로 위해주고 아껴주는,
때로는 눈치 없이 내 마음대로 편안하게 기댈 수 있는 그런 사람, 부모님이 그리운 날이에요.

스승님께서는 말씀하신다.

"제자님

공기처럼 돌아다니는 것이 곧 행복이지요.

넓고 높은 산을 건너가는 것이 삶의 여정이라면

빨리 지나가야 할 과정이 아니니

천천히 재밌게 바람, 소나기도 맞고,

자연, 동물, 곤충과 친구가 되어 봐요.

넓고 높은 산이 우리네 삶과 참 많이 닮았지요.

낮잠도 자고, 마음의 여유를 가지면서

사계절 온도를 온몸으로 느껴보는 하루가 되어요."

# 나만의 길 찾기

나는 왜 이 길에 서 있나?
이곳이 나의 길인가?
내 꿈은 이뤄질까?

우리는 인정 중독에서 완전히 벗어날 수는 없겠지만, 그 속에서도 목표를 향해 나아가는 과정을 '천천히' 즐기는 것이 정말 중요하다고 생각해요.

매일 나를 향해 외치는 말이 있어요. 흔할 수 있지만 '비교하지 말자'라는 말은 큰 힘이 돼요. 우리는 사회에서 주어진 기준에 맞추려고 하거나 다른 사람들의 기대에 맞추기 위해 애쓰는 동안, 정작 중요한 '나' 자신을 잊고 사는 경우가 많잖아요.

그래서 늘 자신에게 질문해야 해요.
*"나는 정말 무엇을 원하고 어떤 삶을 살고 싶은가?"*

목표를 위해 열심히 노력하다가도 화려한 능력을 갖춘 사람을 보면 주눅이 들어요. 이력서에 쓸 내용도 없어 지우고 쓰기를 여러 번 반복하고, 자신감은 점점 줄어들었죠. 면접을 보면서도 좋은 환경과 학벌로 성실하게 살아온 사람들의 이야기를 듣고 있으면 힘이 빠져요.

그럴 때일수록 다른 이들이 열심히 살아온 인생에 대해서 힘찬 박수를 보낼 수 있어야 하고, 새롭게 시작될 내 인생에도 멋진 응원을 보내는 용기가 필요하지요.

나만의 소중한 개성과 경험은
있는 그대로의 나를 받아들이고 빛나는 존재로 성장해 나
갈 수 있게 해줘요.

남들과 비교하지 말고 나만의 길을 새롭게 만들어 보는 거예요. 그 길이 비록 험난할지라도, 그 안에서 진정한 나를 찾고 사랑하는 법을 배우는 거니까요. 많은 경험을 통해 과거를 되돌아보고, 실수로부터 보완하며 더 나은 결정을 내릴 수 있도록 냉철한 시각도 길러보아요.

내 마음 안에 중심이 생길 때
나를 지탱해주는 무엇이 있을 때
나에게는 자유자재로 움직이고 표현할 힘이 생겨요.

나답게, 나만의 이야기를 잘 만들어 갈 수 있도록 '자신'을
많이 응원해 보아요.

스승님께서는 말씀하신다.

"제자님
맛있는 것을 많이 먹어본 요리사가
미식가처럼 맛을 잘 느끼고
더 신선하고 새로운 맛을 만들어 낼 수 있지요.

행복도 경험해 본 사람이 더 잘 누릴 수 있어요.

긍정적인 면에 집중하고 자신의 강점을 인식하며
삶의 즐거움을 자유롭게 찾아보아요.

다양한 경험을 통해 오감의 감각을 기르고 나아가는 길에 행복의 씨앗을 많이 뿌려서 지금껏 가져보지 못했던 감정을 느껴봐요."

# 마음의 힘을
# 깨우기

예전에는 없었던 점들이 세월이 흐르면서 많이 생겨요.
그 점들이 보기 싫으면 빼기도 하죠.

점이라는 것이 우리 인간관계로 들어오면 어때요?
님에 점을 찍어 남을 만들어버리죠. 그 순간, 천국과 지옥을
맛보게 돼요. 그리고 그 작은 점 하나가 아주 깊은 빛을 내면
어두운 세상을 밝힐 수도 있다고 생각해요.

점끼리 만나면 선이라는 길이 생기고, 그 선들이 만나면 면
적을 만들어 하나의 영역을 만들 수 있어요. 필요 없을 것

*같던 그 작은 점들도 엄청난 일들을 해낼 수 있다는 거지요.*

나를 싫어하는 사람 곁에 있으면 아무리 예쁜 짓을 해도 그 사람 눈에는 그냥 귀찮은 존재로 여겨져 상처를 받게 돼요. 반대로 나를 존중해주고 좋아해 주는 사람이라면요. 나의 작은 실수에도 너그럽게 이해해주고 장점을 칭찬하며 사랑스러운 눈빛으로 다정하게 대해줘요. 그 순간 나는 빛나는 존재가 되고, 있는 그대로의 나를 느낄 수 있죠.

지금 어떤 사람들과 동행하고 계시나요?
나를 쓸모없게 만들거나 단점에 집중해 점을 제거하게끔 만드는 사람들 곁에 계시나요? 작은 점으로 선과 면을 만들어내며 빛을 내게 하는 사람들과 함께하시나요?

나를 챙겨준다는 이유로 어린아이 취급하거나 부족한 사람으로 만들며 자기 뜻대로 휘두르려고 하는 사람, 자신감을 떨어뜨려 의존적인 사람으로 만드는 사람, 수평적인 관계보다 나를 통제하려고 하는 사람에게 의지하고 있지는 않나요?

상대로 인해 내 마음이 천국과 지옥을 왔다 갔다 한다면, 아직 타인에게 많이 의존하고 있다는 뜻 아닐까요?

원더랜드 영화를 보며 마음이 좀 혼란스러웠어요.
죽은 사람을 인공지능으로 복원하는 '원더랜드' 서비스가 일상이 된 세상, 더 이상 그리워하거나 슬퍼하지 않는 삶을 선택할 수 있고 소중한 기억을 이어갈 수 있도록 자연스럽게 바쁜 하루를 보내는 내용이었어요.

사랑하는 사람과의 인연이 끊기면 세상이 무너질까요? 끝난 인연을 온 힘을 다해 버티고 지탱한다고 해도 그 인연을 계속 이어가는 것은 어렵지요.
그 인연의 끈 놓아버려도 세상은 무너지지 않고 나도 그대로 존재해요.

내 몸과 마음이 상해가며 힘겹게 악착같이 붙잡고 있던 그 끈 놓아버려도 세상은 너무나도 잘 흘러가는 것을 느낄 수 있고, 그 속에서 융화되어 잘살고 있는 내 모습도 볼 수 있어요. 숨이 저절로 쉬어지고 배고픔을 느끼거나 잠이 오는 것처럼, 힘든 감정과 경험도 우리에게 익숙해져요. 상황이나 사람의 성향에 따라 다를 수 있겠지만, 어려운 상황 속에서도 힘든 감정을 잘 조절해내는 힘을 길러봐요.

힘든 감정들은 고통과 아픔, 편안함과 행복이라는 감정들을 한 덩어리로 섞어 버려요. 이 덩어리를 잘게 쪼개 보면 행복은 고통과 아픔 속에 항상 묻혀 있어서, '나는 행복하지 않아.'라고 느낄 수 있지만 그 덩어리를 세게 굴려서 잘게 쪼개는 순간, 행복의 심장은 다시 뛰어요. 작은 *여유의 구멍들을* 많이 만들어서, 그 구멍 사이로 고통과 아픔을 날려 버리고 새로운 긍정적인 감정을 만들기로 *해요.* 이 모든 일들은요.

나만이 할 수 있고 나니까 해낼 수 있죠. 안 생길 것 같지만, 생겨요. 기적 같은 일들.

❦
스승님께서는 말씀하신다.

"제자님
사람 마음은 항상 새로운 것을 원하고
더 나은 미래를 꿈꾸지요.

오늘이 행복하면
내일도 행복할 가능성이 크다는 것을
수많은 경험을 통해 알게 되었죠.
그래서 우리는 있는 그대로의 나를
바라볼 수 있어야 하고,

지금 이 순간에 머무르며
깨어있는 연습을 해야 하지요.

지금 어둡고 긴 터널을 지나고 계신 분이 있다면,
그 힘든 시간을 끝까지 잘 견뎌내시고 이겨내셔서,
따뜻한 햇살을 맞으며
어둠에서 벗어나시길 소망해요."

## 삶의 뿌리를 단단히 내리는 애착

**마중** -윤학준-

사랑이 너무 멀어
올 수 없다면 내가 갈게
말 한마디 그리운 저녁
얼굴 마주하고 앉아

그대 꿈 가만가만
들어주고 내 사랑 들려주며
그립다는 것은 오래전

잃어버린 향기가 아닐까?

사는 게 무언지
하무뭇하니 그리워지는 날에는
그대여 내가 먼저 달려가
꽃으로 서 있을게

중학교 3학년 3월 초, 어머니를 떠나보내며 가슴 저미는 슬픔을 경험했어요. 그 상실감은 제 일상에 서서히 스며들어 무기력함으로 변해갔죠. 하지만 가장 필요했던 따뜻한 위로와 공감 대신, 고입이라는 냉정한 현실 앞에서 계속 떨어지는 제 성적표는 선생님의 관리 대상이 되었어요. "정신 안 차리니?"라는 말들이 반복될수록, 제 마음속 상처는 더 깊어만 갔죠. 슬픔을 감출 새도 없이 어른들의 기대와 책임감 사이에서 제 심리는 점점 더 흔들렸어요. 어머니의 빈자리와 놓인 현실 사이에서, 저는 점점 무기력해져 갔어요.

세상과 사람을 바라보는 시선이 부드럽지 못했고, 마음을 자유자재로 움직일 수 없다는 것이 어렵고 힘들게 느껴졌어요. 중학교 졸업으로 끝낼 수 없는 인생이라 생각한 나였기에, 다시 마음을 다잡고 고입 시험을 치러 입학 후 대학교까지 졸업할 수 있었어요.

고등학교 입학 후 마음이 힘들어, 아버지와 따뜻한 밥을 먹으며 소통하고 싶었어요. 그런데, 그날 아버지께서 먼저 나를 기다리고 계셨어요.
"오늘 학교에 전화해서 담임선생님과 상담했다." 서럽고 슬펐어요. 아버지와 선생님께서는 저의 성적만 보았지, 마음을 들여다보고 헤아려 주지 않으셨어요. 성적이 안 좋으면 아이의 심리 상태를 먼저 들여다봐 줘야 한다고 생각해요. 마음도 힘든데, 공부만 해야 하는 고등학교 시절, 공부에 집중이 안 되어 힘든 시간이었어요. 그때, 공부에 집중할 수 있었다면 지금의 모습과는 다른 삶을 살고 있었을까요?

아버지께서는 스스로 강해지면서 성장해야 한다고 생각하시는 분이셨어요. 그리고 나를 강한 아이라고 생각하셨고 강해지기를 바랐어요. 어른이 되고서야 아버지의 교육이 강인한 사람으로 살아가기 위한 첫걸음이었다는 것을 깨달을 수 있었어요.

🌿

스승님께서는 말씀하신다.

"제자님
애착은 깊은 나무뿌리와 같아요.
불안정한 애착은 삶,
자기와의 관계도 흔들리게 하지요.
적절한 공감과 돌봄을 못 받았다면,
어른이 되어서도 자신을 이해하고 돌보기가 힘들어져요.

우리는 과거의 상처에 얽매여 원망,
분노 속에 평생을 살아가지 않도록
상처의 대물림을 끊어내고
안정된 애착을 만들어 나가야 해요.

자신에게도 늘 관심을 가지고 존중과 배려로 조건,
편견 없이 사랑해 준다면,
어떠한 환경에 놓여있든
반기고 지지하고 행복을 가져다주는 유일한 사람이
'나'라는 것을 잊지 말아요."

# 2
## 행복의 발견

 ## 삶의 주인

저는 좋아하는 사람들에게 심적으로 의지를 잘하는 편이에요. 그런데 의지하는 마음이 커질수록, 타인의 '눈치'를 보게 돼요. 나의 감정과 욕구는 무시하고 타인의 기대에 맞추려고 애쓰게 되면서 점점 무기력해지고, 방황하며 피폐해져요.

우리는 주인의식을 가지고 살아야 해요.
내가 살아가고 있는 집의 주인이어야 남 눈치 안 보고 마음 편하게 생활할 수 있기 때문이죠.

내가 친척 집에서 살고 있으면 어때요?

집 안이 지저분하거나 몸이 아프면 예민해져요. 마음 편하게 뒹굴고 돌아다니는 것도, 새벽에 나가고 늦게 들어오는 것도 신경 쓰여요. 눈치가 보인다는 거죠.

내가 주인이 되면요.
최소한 자신만큼은 지켜낼, 힘이 생겨나요. 눈치를 덜 보게 돼요.

나를 지켜내려면 많은 에너지가 필요해요.
자동차를 타고 여행을 떠날 때, 직접 운전대를 잡고 방향을 정해서 목적지를 향해 나아가야 하며, 이성적으로 상황을 검토하고 다양한 경험을 통해 자신의 가치관을 형성해 나가는 것이 중요하죠.

*삶의 주인이 되기 위해서는*
*꿈의 방향을 설정하여 선택의 결과를 받아들이고, 책임질*

*수 있어야 해요.*

삶의 진짜 주인이 된다는 것은 생각보다 만만치 않더라고요. 넓은 마음과 유연한 사고로 세상을 바라봐야 하고, 많은 경험으로 복잡한 문제도 잘 해결해 나가야 하지요. 그것은 누군가에게는 흥미롭고 즐겁게 도전할 수 있는 일이지만, 또 다른 이에게는 아집을 버리고, 뼈를 깎는 고통과 훈련이 필요해요. 그렇지만 삶의 주인으로 산다는 것은 자유롭게 내가 원하는 삶을 살아낼 수 있는 보람되고 멋진 일이라고 생각해요.

스승님께서는 말씀하신다.

"제자님
주인으로 산다는 것은요.
책임감을 가진 사람으로 살아가는 거지요.

책임감은 인생에 대한 주인의식에서 나오고
인생의 주인은 생각과 결정,
행동에 대한 책임을 스스로 질 수 있어야 해요.

주체적이고 능동적인 태도로
즐겁고 풍요로운 삶을 누리며,
행복하고 의미 있는 삶을 적극적으로 만들어 보아요."

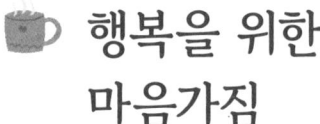 # 행복을 위한
마음가짐

돈이 많으면 여유도 생기고 경제적인 문제를 해결해 주어, 다양한 기회를 더 만들어 갈 수 있어요. 그렇지만 돈과 행복은 비례하지 않는다고 생각해요.

유명한 배우나 운동선수 중에, 큰돈을 벌고도 우울증을 앓거나 불행해 보이는 사람들이 있지요. 그들은 외부적으로는 성공한 삶을 살고 있지만, 내면으로는 고통받으며 힘들어하는 경우인 거죠.

우리가 종종 돈이 없어서 불행하다고 생각하는 이유는요.

원인을 외부 환경에서 찾으려 하기 때문이에요.

저도 "내가 불행한 이유는 돈 때문이야."라고 생각하며 합리화시켰죠.

여행을 못 가는 이유, 살을 못 빼는 이유, 그리고 공부를 안 하는 이유를 모두 돈이 부족해서라고 인식하면, 이러한 상황에 대한 책임을 나에게 돌리지 않고 돈 탓만 할 수 있었어요. 그리고 늘 돈과 행복을 붙여서 생각했죠. 하지만 진정한 원인은 외부의 상황이 아니라, 나 자신에게 있다는 것을 깨달았어요.

행복은 관점에 따라 다르게 느껴져요.

**행복을 위한 마음가짐은** 자신을 이해하며 감정을 다스리고 긍정적인 사고방식을 만들어가는 것이 중요해요.

일상 속 행복은 나만의 편안한 시간, 사랑하는 사람들과 나누는 따뜻한 대화, 그리고 내가 좋아하는 일에 몰입할 때 피어나요. 그때 느끼는 행복, 기쁨, 감동은 어느 때보다 만족감과 즐거움을 선사하죠. 꼭 돈이 많아야만 행복한 건 아니잖아요.

내 마음과 생각을 변화시키면, 외부의 상황도 달라질 수 있어요. 행복을 외부에서 찾지 말고 내 안에서 찾아봐요. 내가 바뀌면 세상을 바라보는 시각도 달라지고 그때부터 행복 주머니가 만들어져서 '웃음의 한 컷'을 행복으로 담을 수 있어요.

〈세상은 원래 불공평하다〉
고등학교 때 난 사랑을 갈구하며 친구들을 지켜봤어요.
친구들의 해맑고 안정적인 모습들이 좋아 보였죠.

안정된 심리로 공부에 집중하며

활기차게 생활하는 친구들을 보며

세상의 불공평한 조건이 반칙이라고 생각했어요.

어느 순간 인생은 원래 불평등하다는 것을 깨닫고

나는 달라졌어요.

나에게 놓인 상황들을 받아들이기로 마음먹었죠.

세상 틀 안에서 내가 무엇을 하면 다치지 않고

사랑, 보호받으며 안전하게 살아갈 수 있을지를 생각했어요.

누군가의 삶보다 내 인생이 궁금해지기 시작했죠.

나는 앞으로 어떤 모습으로 성장해 나갈 것인가?

꿈을 이루는 날, 나의 모습은 어떠한 모습일까?

이젠 나는 그 누구와도 비교하지 않아요.

각자의 길은 따로 있고,

그 어떠한 길도 쉽지 않다는 것을 알았기 때문이에요.

🌿

스승님께서는 말씀하신다.

"제자님

누구나, 그 한계의 임계점을 넘어서면

변화할 수 있어요.

교육받은 후, 그것을 활용해 낼 줄 알아야 하며

놓인 환경에서 스스로 깨우치고 변화할 수 있어야 하죠.

그래야 좋은 것이,

내 주변을 둘러싸며 좋은 운을 부르지요.

아침 기상 후, 무엇을 즐길지 정하는 것, 그것 자체가

행복의 시작임을 알았으면 해요."

## 있는 그대로의 아름다움

비 오는 날 좋아하시나요?

어떤 분은 비가 많이 오는 날이 좋다고 해요. 비 오는 소리, 비 오는 분위기, 그때 온도가 참 좋다고 웃으시죠.

어떤 분은 옷이 젖어서 찝찝하고 눅눅해져 비 오는 날이 싫다고 해요.

20살 때 비 오는 날, 원피스를 입고 긴 머리를 휘날리며 외출을 한 적이 있어요.

물이 많이 고인 길을 지나가던 중, 갑자기 차 한 대가 속도를 줄이지 않고 물웅덩이를 강타했어요. 흙탕물이 튀어 올라, 오늘 처음 입은 하늘빛 원피스가 순식간에 갈색 점들로 뒤덮였고, 머리카락과 옷에서 빗물이 뚝뚝 떨어졌죠.

한참을 멍하게 서 있다가, 집으로 돌아가 옷을 갈아입었어요. 그 경험 이후로, 비 오는 날에는 물웅덩이가 보이면 멀찍이 우회하고, 도로 가장자리는 가지 않죠.

비 올 때, 우산 하나로 2~3명이 붙어서 갈 때가 있지요. 3명일 때는 중간에 있는 사람 팔을 꽉 붙잡고 옷은 젖지만, 머리라도 우산 안으로 들이밀며 즐겁게 웃으며 함께 걸어가잖아요.

우리네 인생도 비슷한 것 같아요.
혼자 우산을 펼쳐 들고 걸을 때는 자유롭게 보폭을 넓혀 걸을 수 있어요. 하지만 빗소리 들으며 고요함 속에 홀로 걸어 가야 하죠.

함께 우산을 쓰고 가면, 한쪽 어깨는 비에 젖고, 걸음도 조금은 불편해져요. 그렇지만 "조금만 더 이쪽으로 와. 비 맞잖아!"라는 말 한마디에도 행복을 느끼죠.

가족도 그런 것 같아요. 많은 식구가 함께 모여 살면 서로 부딪치며 사건·사고가 잦고, 함께 웃고 울며 성장해요.

반면에 홀로 있을 때는 모든 것이 평온하고 자유롭죠. 자신만의 규칙과 공간, 시간이 있어 평화롭지만, 그 평화 속에서도 외로움이 찾아와요.

그래서 우리는 혼자 있는 시간도 좋고 함께하는 시간도 좋은, 지금의 시간을 즐길 줄 알아야 하죠. '자신'을 만들기 위해 끊임없이 자립심을 키워나가고 행복을 찾아보아요.

봄의 꽃들은 화사하고, 여름의 태양은 뜨겁죠. 가을의 낙엽이 알록달록하고 겨울의 눈이 낭만이 있어서 각자의 아름다움을 지니듯, 사람도 있는 그대로의 모습, 그 사람이 참 좋아요.

스승님께서는 말씀하신다.

"제자님
아름다운 풍경이나 맛있는 것을 먹을 때
아무도 생각하지 않는 사람은 외로울 수 있겠지요.
살아가면서 떠올릴 소중한 사람들과 소중한 추억을 많이 만들어 봐요."

# 경험과
# 연습을 통한
# 내면의 평화

책을 읽다 잠깐 졸며 꿈까지 꿨어요. 아직도 꿈에서 "이건 현실이 아닐 거야, 아니야!" 하면서 펑펑 울다가 잠에서 깨곤 해요. 한 번도 생각해 보지 못한 아버지의 죽음, 그 현실을 받아들이기가 너무 힘들었어요.

초등학교 때 한 친구가 만날 때마다 인사 대신 "의리"를 외치며 반갑게 대해주었고 "어른이 되어도 우리 우정 변하지 말자." 했죠. 늘 친구들을 잘 챙기고 함께 있으면 웃음이 가득했어요.

친구의 꿈은 여군이었지만 매번 서류에서 떨어졌어요. 이상하다며 담당자께 연락한 후, 친구는 저에게 말했어요. "내가 태어난 지 100일쯤 되었을 때 우리 부모님은 이혼하셨어. 내 아버지가 재혼 후 다른 가정을 꾸리고 있더라고. 부모님이 이혼하셔서 서류심사에서 탈락한 거였어." 평소에 한 번도 아버지 이야기를 한 적이 없었기에 많이 놀랐어요. 친구의 잘못이 아님에도 간절히 원했던 꿈을 접어야 하는 것이 안타까웠어요. 또, 존재감 없었던 아버지라는 존재가 다른 자녀의 보호자가 되어 있었다는 사실에 친구는 충격이 얼마나 컸을까요? 그때 저는 묵묵히 그 이야기를 들어주기만 한 것 같아요.

세월이 흘러 대학 졸업 이후 회사생활을 하고 있을 때, 어느 날 갑자기 아버지가 식도암 3기라는 것을 알게 되었죠. 식사도 안 하시고 스트레스를 맥주로 푸셨던 아버지에게 맥주의 성분이 식도에 무리가 간 거였어요. 저는 현실을 받아들이기 힘들었고, 고통스러워 숨을 쉴 수가 없어서 소리 없이 펑

펑 울었죠. 그때 그 친구에게 전화가 왔어요. 왜 전화했는지 기억은 안 나지만, 나의 상황을 알고 있었던 친구였기에 "너 울어. 지금 상황이 안 좋은 것 같으니 다시 전화할게." 하며 위로 한마디 없이 끊어버리는 모습에 서운함이 느껴졌어요.

세월은 또 흘러 친구가 좋아하는 사람이 생겼대요. 현재 그들은 부부예요. 그 당시 친구가 전화가 와서 남자친구의 아버지가 돌아가셨다고 했어요. "남자친구를 위로해주고 싶어.", "너 아버지 돌아가실 때 마음이 어땠어?" 그때의 그 질문이 내 기분을 씁쓸하게 만들었지만, 최대한 차분하게 그때의 마음과 어떤 위로를 받고 싶었는지 말한 것 같아요.

현재는 그 친구와 연락 안 하고 지낸 지 10년 된 것 같아요. 우리의 마지막 통화는 "우리 한번 봐야지.", "언젠가는 보겠지."였어요. 오랜 절친에서 가끔 연락하는 사이가 되었다가, 지금은 연락 안 하는 옛날에 친했었던, 그때 그 친구가 되어버렸죠.

서로 다른 우리는 각자의 환경에서 마음의 소통을 하지도, 받지도 못하며 자랐어요. 자연스럽게 각자의 마음 공감을 채우기 위해 다른 곳을 보며 살아가고 있어요.

아주 오랜 시간을 함께했던 친구인데도, 우리는 서로에게 충족이 안 되었나 봐요. 세월이 흐른 지금도 그 친구를 생각하면 마음이 불편하고 잘살고 있는지 궁금해요. 마음 공감이라는 것이 서로 만족을 못 시킬 수도 있고, 내 옆에서 나의 이야기를 들어주는 것만으로도 감사한 일이죠. 상대의 감정보다 자신의 감정이 더 중요할 수 있고, 모두가 힘들 때는 더 힘든 사람을 향해 기울거나, 더 기가 센 사람 쪽으로 기울어지기도 하잖아요. 그 균형을 못 지켜낸 것은 그 친구와의 인연이 거기까지였기 때문일까요?

스승님께서는 말씀하신다.

"제자님

서로의 마음을 헤아리기 위해서는 많은 경험과 연습이 필요하지요. 부드럽고 따뜻한 열린 마음이어야 하고, 대화를 통해 상대의 상황과 마음을 파악할 수 있어야 해요.

그리고 인연은요,

시절 인연으로 만나 서로를 아껴주고 우정을 함께 하더라도 자연스럽게 원래 자리로 돌아가는 것이 이치지요.

항상 시간은 흐르기에 마음이 잠들어 있으면
곁에 있는 소중한 인연을 알아보지 못해요.

항상 깨어 있는 연습을 많이 해봅시다."

 # 인연의 끝

왜 그 사람이랑 6년씩이나 만난 거예요?

Ⓐ **그녀가 말해요.**

저는 27살이고요. 그 사람과 6년을 함께했어요.

아직도 미련이 남아 있고 새로운 마음으로 다시 시작하고 싶어요.

그가 없는 삶을 생각해 본 적이 없죠.

다른 이와의 만남은 생각하고 싶지도 않고요.

Ⓑ **그녀가 말해요.**

나는 날 아프게 하는 병과 6년을 살았어요.

이 병에 익숙해졌고 그것이 무엇인지도 알며 극심한 고통에도 시달렸죠.

병을 없앨 수 있다면 반드시 없애고 싶어요.

이 병은 관계라는 병이죠.

우리는 관계라는 병을 치료해야만 해요.

끊임없이 상처 주는 사람이 있다면 그 사람이 내게 더 깊은 상처를 남기기 전에 내가 먼저 그 사람을 끊어낼 줄 알아야 해요. 좋은 인간관계라는 건 모든 사람과 잘 지낸다는 뜻이 아니죠. 가까워지는 것도, 멀어지는 것도 능숙하게 조절해내는 힘이 필요해요.

각별한 사이라고 해도
*그 사이가 틀어지기 시작하고 지친다는 생각이 들면*
*그 사람과의 인연은 거기까지인 거예요.*

관계를 끊어낸다는 것은 엄청난 고통이에요. 저에게도 인연이 다하여 모질게 연을 끊어내야 했던 적이 있어요. 아버지께서 돌아가시고 새어머니와의 관계를 정리할 때였죠.

제 나이 17세 때 새어머니와의 인연이 시작되었지만, 삶을 바라보는 방향과 결이 달랐기에 서로의 손을 놓게 되었어요. 그 손을 놓게 되는 날, 받아들여야 하는 현실에 마음이 매우 아팠고 감사한 마음 위로 부정적인 감정이 올라왔어요. 우리의 손을 놓고 떠나가는 날 새어머니의 마음은 어떠한 마음이었을까요? 몸이 떠나면 마음도 떠나간다는 말처럼 세월의 흔적 따라 추억도 희미해졌죠.

스승님께서는 말씀하신다.

"제자님
이별에는 언제나 고통이 따르고 그래야
떠나보낼 수 있어요.

세상을 살아가는 태도, 지식과 지혜를 얻는 방식은
다 다를 수 있지만 그 결론은
우리가 행복해지는 것임은 분명해요.

반복되는 생각의 프레임에서 벗어나 다른 시각으로 삶을
바라보는 시간을 가져보아요. 우울한 감정의 늪에 빠진
사람은 좁은 생각의 틀 안에서 자신만의 세상을 만들고,
앞날을 절망하고 포기하기 쉽기 때문이에요.

끝난 인연을 잡는다는 것은 고통을 들고 다니는 일이에요. 과감하게 흘려보내기 위해 내가 좋아하는 일, 잘할 수 있는 일에 집중해보는 거지요.

자신을 성장시켜 나가는 일은 긍정적인 모습으로 삶을 살아갈 수 있는 원동력이 돼요. 우리는 이 세상에 단 한 사람뿐인 소중한 존재임을 꼭 기억하길 바라요."

## 마음의 허기

저는 마음의 허기가 지면 음식을 허겁지겁 많이 먹어요. 맛을 음미하며 천천히 배고픔을 달래는 것이 아니라 허겁지겁 먹으며 배를 가득 채우죠. 그래야 기분이 좋아지고 수저를 놓게 돼요.

배가 부르면, 그 순간은 기분이 좋지만 늘어나는 몸무게로 다시 스트레스를 받게 되어 악순환이 반복되죠.

마음의 정서에 허기가 지면 착각을 한대요.
물건이나 그 외 대상에게 집착하며, 의지하게 돼요.

내가 만족할 때까지 쇼핑하고, 배가 터지기 직전까지 먹으며 기분이 풀릴 때까지 늘어지게 자요. 무기력해지고 지칠 때까지 사람이 많은 모임을 찾아다니며 허기를 채우려 하지요.

그런 행동들은 점점 범위가 넓어지면 과해지고, 결국에는 마음이 외로워지죠.

그래서 우리는 마음의 허기가 지면 '이 순간'도 즐겁고 시간이 흐른 후에도 즐겁게 남길 수 있는 것을 찾아야 해요.

**어떻게 해야 마음의 허기가 해결될까요?**

자신에 대한 이해로 내면의 목소리에 귀 기울이고 내 감정을 인식하고, 표현하는 연습을 해보는 거죠.

좋아하는 도전적인 활동에 몰입하여 즐거움을 많이 느껴
보고 그 즐거움에 웃는 나의 모습을 발견해보아요.
함께 즐길 수 있는 이들과의 시간을 많이 늘려 보는 거예요.


🌿

스승님께서는 말씀하신다.


"제자님
우리는 애착에 집착해요.


인간은 사회적 존재이기 때문에 살아가면서
사랑받는 것을 원하고 인정받기를 원하죠.


배고픔을 알아차린다고 해서 배고픔이 가시지 않아요.
허기진 사람은 먹어야 배를 채울 수 있고

정서적 허기도 반드시 건강한 것들로 채워나가며 충족해줘야 하지요.

늘 마음이 평안한지를 잘 살펴보시고
몸과 마음이 건강하기로 해요."

## 우리는 언제쯤 세상을 다 알까요?

사람들은 때때로 착각 속에서 살아요. 내가 진실하다면 타인도 내 마음과 같은 온도로 나를 대해 줄 거라는 믿음을 갖죠.

저는요. 사람들이 너무 그립고 좋다가도, 또 어떤 날은 이유 없이 사람들이 싫어져요. 나의 마음은 한없이 따뜻하고 포근하다가도 갑자기 차가워지고 냉정해지기도 해요.

이런 감정의 변화는 사랑과 상처가 함께 공존하기 때문에 생겨나는 걸까요?

감정을 인정하고 수용하며 조절할 수 있어야 하는데 어려워요.

집에 가는 길, 할머니들께서 동네 경로당 의자에 앉아 "형제들도 우애가 있으려면 양보해야지, 양보를 안 하면 우애도 금이 가"라는 이야기를 나누고 계셨어요. 아주 가까운 가족이라고 해도 서로 배려하지 않으면 감정이 상하고 거리를 둘 수 있어요.

제 생각은요. 편안하고 화목해 보이는 집안에는 누군가의 헌신이 반드시 존재하는 것 같아요. 그런데요, 그 헌신이 자발적인 것이 아니라 강제적인 의무에 의한 것이면 그 사람의 삶은 버거워 보여요. 그런 사람들은 묵묵하게 참기만 하고 살다가 '화병'이 생기고, 버티다가 또 다른 병이 생겨 자기 인생은 사라져 버리는 경우를 보게 돼요.

가정마다 화목함이나 불행함의 형태는 다 다르지만, 모든 사람은 평등하고 즐겁게 행복할 권리가 있다고 생각해요. 타인에게 피해 주지 않고 자신의 인생을 잘 살아내고 있다면 제삼자의 시선은 전혀 중요하지 않아요.

활짝 웃고 있어야지만 행복한 것일까요? 평화로운 얼굴 뒤로, 깊게 파여 곪아버린 속마음은 남들이 알기도 힘들고, 알아주지도 않죠.

명절날이 되면 매년 같은 명절 풍경인데, 우리 집 어른들만 흔적도 없이 사라져 버려 한동안 어색하고 적응하기 힘들었어요. 그런 날은 그리움과 상실감이 함께 공존하는 순간이죠. 익숙한 것들이 영원하면 좋겠지만, 세월 따라 익숙함은 다 사라지고 낯선 풍경만 존재하게 된다는 것은 슬픈 일이에요.

저는 빨간 김치를 좋아해요. 할머니께서는 팔십 대 후반까지도 김장을 100포기씩 하셨어요. 급식이 없었던 시절, 삼남매가 고등학교 다닐 때, 점심과 저녁 도시락 6통을 손수 사주셨어요. 애정과 사랑이 있어야지만 가능한 일이라고 생각해요. 할머니를 떠올리면 더 잘 챙겨드리지 못한 것이 늘 미안했어요. 잘해드려야겠다는 생각이 들 때쯤엔, 할머니께서는 세상을 떠나셨어요. 저는 할머니께서 베풀어 주신 잔잔한 깊은 사랑을 자연 바람의 오감을 통해 느껴요.

**오직 한 사람** - 황화자 -

유방암 진단받은 나한테
남편이 울면서 하는 말,

"5년만 더 살아."

그러던 남편이 먼저 하늘나라로 갔다.

손주 결혼식에서 울었다.

아들이 동태찜 사도 눈물이 났다.

며느리가 메이커 잠바를 사줄 때도 울었다.

오직 한 사람 남편이 없어서

스승님께서는 말씀하신다.

"제자님

알 수 없는 인생이라 더욱 아름다운 세상이지요.

고무줄놀이하며 자유롭게 뛰어놀다 해가 지고 있어요. 석양빛을 등지고 마중 나오시던 할머니를 향해,

해맑게 미소 지으며 달려가 안겼던

어린 시절 기억나지요.

그 순간의 장면을

할머니와의 인생 사진 한 컷으로 고이 접어

마음 한 공간에 간직하는 것처럼,

삶의 추억을 많이 만들어가기로 해요."

# 행복의 비밀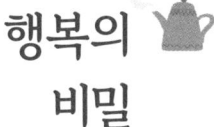

눈에 보이는 것들이 화려해야지만 풍요로운 건가요?
보이지 않는 마음의 풍요도 중요하다고 생각해요.

지금, 이 순간 느끼는 불안과 나를 괴롭히는 것에서 빠져나와 미소 짓는 일, 있는 그대로의 나를 사랑하는 것도 풍요로운 삶이라고 할 수 있어요.

후회되는 지난 모습을 떠올리며 자신을 억압하고 몰아붙이면서 자책하지 말아요. 아주 깊은 초라한 자신의 내면까지도 사랑하고 격려하며 응원해봐요.

\* 나만의 행복감을 높이기 위한 3가지 방법

마음이 풍요롭고 행복해지려면, 좋은 것을 계속 채워나가는 것이 중요해요.

**첫째, 나에게 칭찬을 해요.**

'포기하지 않고, 글을 쓰며 책 출간까지 하게 된 나의 노력을 칭찬해.'

'꿈을 꾸고 하나씩 실현해 나가는 나의 열정을 칭찬해.'

이렇게 칭찬할 내용을 찾으며 긍정적인 사고로 자신감이 생겼어요.

**둘째, 산책이나 여행을 즐겨보아요.**

일상에서의 스트레스를 해소하기 위해 자연과 함께 힐링하는 것이 좋아요. 머리가 아프거나, 마음이 무거워질 때 저는 집 근처 산책로에서 바람, 흙냄새, 나무, 새소리를 느끼며 산책해요. 힘든 일이 있었다면 '어떤 마음이 너를 힘들게 했니?' '왜 그런 마음이 생겼을까?'라고 나와 대화도 해보는 거죠. 원인을 생각해 보고 스스로 해결책을 찾아보면, 마음이 한결 가벼워져 기분이 좋아지고 마음도 든든해지는 것을 느꼈어요.

**셋째, 좋아하는 것에 몰입하고 취미가 같은 이들과 함께 시간을 보내봐요.**
저는 글쓰기로 삶을 좀 더 풍성하게 만들어가고 있어요. 좋아하는 것에 몰입하고, 취미생활이 같은 사람과 함께한다는 것은 나를 이해해줄 사람이 많아진다는 거예요. 나를 이해해주고, 공감해주는 사람이 늘어날수록 마음이 행복했어요. 마음 온도가 따뜻한 사람들과 즐거운 시간을 늘려봐요.

스승님께서는 말씀하신다.

"제자님
사랑은 가장 큰 자기 확장의 경험이에요.
사랑하는 순간 우리의 자아는 크게 확장되어
숨어있는 감정과 열정이 깨어나지요.

좋은 관계는 서로 성장할 수 있는 원동력이 되고
서로의 좋은 영향력으로 확장의 경험이 계속 일어나요.

봄날의 꽃봉오리처럼 활짝 필 수 있게, 삶에 새로운 색을 입혀보고 새롭게 바라보면서 진실한 모습으로 세상과 소통을 해봐요.
자신만의 이야기와 캐릭터를 만들며 인생이라는 무대 위에서 나만의 아름다운 이야기를 만들어 보아요."

## 결이 맞는 인연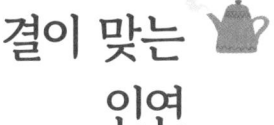

하루의 일과를 마무리하고 공허한 기분으로 집으로 가는 길.

공감하려고 애를 쓰면 쓸수록 불편한 사람이 있어요. 오랜 시간을 함께한 사이라도 따스한 마음을 전달받지 못하면 공허한 기분이 들죠. 아무 말 안 해도 내 마음을 알아서 공감해주고 위로해주는 인형이라도 만나고 싶은 날이에요.

마음속 깊은 곳에서 떠오르는 생각에 잠겨 걸으며, 한 손에는 커피를 다른 손에는 딸을 위한 토스트를 들고 있었어요. 그때 갑자기 발이 어긋나며 균형을 잃고 넘어지고 말았죠.

왼쪽 다리 무릎 주변이 심하게 갈려 옷이 찢어지면서 아픔과 민망함이 밀려왔어요. 얼굴이 붉어졌고 땅바닥이 나를 향해, 인상 쓰며 '정신 차려!'라고 째려보는 듯했어요.

**겨울 편지** - 김현태 -

그대가 짠 스웨터
잘 입고 있답니다.

입고, 벗을 때마다
정전기가 어찌나 심하던지
머리털까지 쭈뼛쭈뼛 곤두서곤 합니다.

그럴 때면 행복합니다.
해가 뜨고, 지는
매 순간 순간마다

뜨거운 그대 사랑이

내 몸에 흐르고 있음이

몸소, 느껴지기 때문입니다.



✿

스승님께서는 말씀하신다.

"제자님

사람은 함께 살아가고 성장해야 행복하기에

서로의 따뜻한 마음 공감이 중요하지요.

'결'이라는 뜻은 '성품의 바탕이나 상태'를 말해요.

우리는 흔히 결이 같은 사람을 두고 궁합이 좋다고 하고

굳이 많은 말을 하지 않아도 마음이 통하는 사이,

그런 사람에게 편안함을 느껴요.

비 오는 날, 찻집에서 따스한 차 한 잔으로 행복하고
침묵 속에서도 어색하지 않은 사이,
스쳐 지나가는 눈빛에도 아픔이 전달되고
기쁨을 함께할 수 있는 사람이 바로
결이 비슷한 사람이지요.

아쉽게도 우리는, 각기 다른 환경에서 살기에
결이 비슷한 사람을 선택적으로 만나기란 쉽지 않죠.

결이 맞는 사람을 찾아보시고 그들과 함께해봐요.
먼저 나의 결을 잘 알고 있어야지만
다가오는 인연의 결 또한 잘 알 수 있어요.

자신의 결을 아는 사람만이
마음을 나눌 수 있는 사람을
곁에 둘 수 있음을 꼭 기억해요."

# 따뜻한 마음의 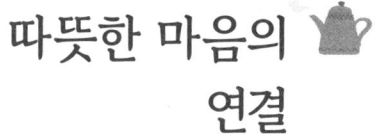 연결

언제 '따뜻한 정'의 온기를 느끼시나요? 일상 속 따뜻한 정을 나누는 순간들이 많을수록 삶은 더 풍성하게 느껴지는 것 같아요.

저는 따뜻한 밥상에서 '정'을 느껴요. 사랑하는 사람들과 함께 모여 이야기를 나누며 맛있는 음식을 먹을 때 마음도 따뜻해지고 행복감이 높아져요.

어른이 된 후, 따뜻한 밥상을 차리는 것, 누군가에게 맛있는 밥을 사주는 일은 상대를 향한 깊은 배려와 따뜻한 마음이 있어야 가능하다는 것을 알게 되었어요.

어르신들은 사랑하는 내 자식들 생각하며 정성과 사랑으로 요리하시잖아요. 그 음식을 맛있게 먹는 모습을 보면서 행복해하시죠. 뜨거운 김이 모락모락 피어오르는 하얀 밥알의 온기에서 사랑과 포근함을 느껴보아요.

어릴 적 즐겨 먹었던, 어머니의 매콤한 떡볶이, 아버지의 달콤한 케이크, 할머니의 얼큰한 소고기국은 늘 먹고 싶고, 기억에 남는 맛이에요. 지금은 돌아가셔서 함께 할 수 없지만, 그때 따뜻했던 마음의 온기는 내 마음속 깊이 새겨져 있고 늘 그립죠.

마음이 쓸쓸할 때, 나를 위해 밥 한 상 차려줄 수 있는 사람 있으신가요?
"오늘 밥 한 끼 사 주세요" 가벼운 말에도 망설임 없이 다가와, 밥을 사주고 진심으로 내 안부를 물어봐 주는 사람이 곁에 계시나요?

사랑하는 사람들, 좋은 사람들과 함께 따뜻한 밥을 먹으며 추억을 만들어 갈 때, 좋은 에너지를 얻을 수 있어요.

삶은 외줄 타기처럼 정신을 차리고 조심스럽게 혼자서 걸어가는 길이에요.

익숙하고 능숙해졌다고 생각할 때쯤, 큰 사고가 일어나기도 하지요. 그 순간 누군가는 정신을 차려 다시 조심히 외줄을 타고 또 다른 이는 포기를 하죠.

그때 포기하지 않는 사람과 포기하는 사람의 마음 온도는 어떻게 다를까요? 마음 깊은 곳에서 나오는 '따뜻한 정'의 힘이라고 생각해요.

옷깃만 스쳐도 인연이라는 말이 있잖아요. 내 사람이 아니라고 차갑게 대하지 마시고, 상냥한 미소로 인사도 나눠보고 오고 가는 '따뜻한 정'을 많이 느껴보기로 해요.

🌿
스승님께서는 말씀하신다.

"제자님
따뜻한 정은 서로 공감하고 소통하면서도 느낄 수 있어요.

좋은 사람들과 따뜻한 온기를 많이 느껴보며
그 따스함을 널리 퍼트려 보아요.

내 마음의 높은 온도로 차가워진 마음들을 녹게 할 수도 있고 주변을 환하게 비출 수도 있지요.

우리들의 마음 온기로 큰 변화를 일으켜 따뜻한 세상을 만들어 봐요."

## 화려한 인맥보다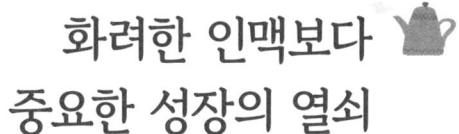
## 중요한 성장의 열쇠

잘난 사람 보면 친해지고 싶잖아요. 함께 하는 시간을 늘리면서 그 사람에게 집중하기도 하죠. 그렇지만, 서로를 생각하는 마음 온도는 다를 수 있어요.

자신보다 상대에게 의존하며 사는 것은 잘 사는 것이 아니에요. 자신의 가치와 목표를 가지고 노력하며 나답게 살아가는 것이 중요하지요. 자신을 존중하고 감정을 표현하며 자율성과 독립성을 유지하는 것이 필요해요.

미혼일 때는 사람 만나는 것을 좋아하고, 인맥이 중요하다고 생각해서 예쁜 옷과 신발을 사는 대신, 열심히 모임에 참여했어요. 그런데 어느 순간 회의감이 밀려왔죠. '나는 지금 무엇에 집중하고 있는가'에 대해 생각해 보게 되었어요. 그 사람들은 세월이 흐르면 달라지는 환경으로 서로 멀어지고 무소식으로 살다가, 기억 속에서 사라지는 경우가 많았죠.

사람들과의 관계를 위해 지나치게 많은 시간을 소비하지 않아도 된다고 생각해요. 인맥이 성공의 열쇠일 때도 있지만 그 관점은 일시적이죠.

상대에게 의존하다 보면 자신을 잃어버릴 수 있고 행복과 멀어질 수도 있어요. 결국, 사람들은 각자의 이익을 추구하기 때문에 서로에게 도움이 될 때만 손을 내밀 수 있지요. 물론 진정한 관계라면 어려운 순간에도 함께 하겠지만, 그런 경우는 드물죠.

인맥은 단기적으로는 유용할 수 있지만, 장기적으로 보면 그리 큰 도움이 되지 않을 수 있어요. *진심으로 누군가에게 좋은 영향을 주고 싶다면, 자신을 갈고닦는 일이 중요하죠. 초심을 잃지 않고 기본에 충실히 임해야 해요.* 자기 발전과 성장은 단순한 목표가 아니라, 지속해서 실천해야 할 삶의 방식이고 매일의 노력이 쌓여 큰 변화를 만들어 낼 테니까요. 지금 제가 글을 쓰면서, 새로운 꿈을 꾸고 하나씩 실현해 나가는 것처럼요.

스승님께서는 말씀하신다.

"제자님
'낭중지추'라는 사자성어가 있지요.
주머니에 넣어둔 송곳은 언젠가 뚫고 나와요.

재능이 뛰어난 사람은
숨어있어도 저절로 사람들에게 알려져요.

우리는 자신만의 향기와 빛을 내고
그 향기와 빛이 깊고 진해지도록
자신이 가지고 태어난 것을 잘 갈고 닦아야 해요.

결국, 잘 산다는 것은
일상의 작은 기쁨을 발견하며
균형 잡힌 삶을 이뤄내는 것,
타인과의 건강한 관계를 유지하며
지속적인 자기 성찰과 성장을 이뤄나가는 거지요."

# 동생과 길고양이의 인연

할머니께서는 제가 결혼하고 1년 후 돌아가셨어요. 동생은 마지막까지 우리의 편이 되어 주셨던 할머니를 떠나보내고 많이 힘들어했죠. 마음이 답답해서 어느 날은 신년운세를 보러 점집에 갔어요. 혼자 대기실에서 기다리고 있을 때 운세를 보시는 분이 저에게 오시더니 "너의 잘못이 아니야, 자책하지 마. 할머니께서 동생한테 전하래요."라고 하셨어요. 너무 놀라우면서도 그 말을 들으니 '동생의 마음이 정말 힘들었구나!' 싶었어요.

우리는 한 번씩 산책하는데요. 산책길에 동생은 길고양이 밥도 챙겨주고 눈이 아픈 고양이, 피부염이 있는 고양이를 보면 영양제도 챙겨줘요. 매일 고양이 밥을 주다가 밥을 안 주는 날은 길고양이가 자기를 기다리고 있는 것 같아 멈출 수가 없었다고 해요.

지금은 동생이 고양이 밥을 못 챙겨주고 있어요.
"산책하다가 아는 고양이를 볼까 봐 마음이 좀 그래."
그래서 제가 물어봤죠.
"너는 왜 고양이 밥을 주는 거야?
고양이 밥을 못 주는 날은 마음이 왜 좀 그런 건데."

"길고양이를 보면 내 자식 같아!
밥을 챙겨주면 내가 살아 있다는 존재감이 느껴져."

"누나, 지금 현실이 어릴 적 내가 상상해오던 거랑 달라서 가끔 꿈을 꾸고 있는 느낌이 들 때도 있어."

동생과 산책하다 보니 내리는 비도 그치고, 햇살이 비쳐요. 비 온 후의 공원 산책길은요. 낙원 같아요. 푸릇푸릇한 나무에 둘러싸인 길을 걷다 보면 시간 가는 줄 모르죠. 흙냄새와 신선한 작은 숲속 공기가 몸과 마음을 편안하게 하고 행복감을 줘요.

우리네 인생길에 그런 화창하고 밝은 날이 오래 머물기를 간절히 기도해요.

스승님께서는 말씀하신다.

"제자님
과거의 경험을 인지하는 동시에
지금의 현실을 바라볼 수 있게 관점을 바꿔봐요.

몸으로 경험한 과거의 나와, 지금의 내가 현실을 객관적으로 바라보는 연습을 하는 거죠. 이것은 과거의 기억에 멈춰, 그때의 감정으로 세상을 바라보는 시각에서 벗어나게 해줘요.
과거의 풀지 못한 마음의 기억을 알아차리고, 과거의 기억과 현재의 모습이 어떤 식으로 연결되는지를 인식하면 과거와 현재를 쪼개어 볼 수 있어요.
그럴 때, 우리는 옛 기억에서 한 발짝 한 발짝 벗어날 수 있지요."

# 인생의 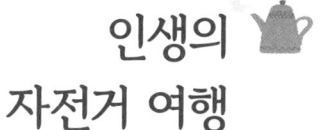 자전거 여행

자전거 타본 적, 있지요.

제가 결혼할 때 선생님께서 이런 말씀을 하셨어요.

「너는 이제부터 자전거 여행을 시작하게 될 거야!

이때까지는 네가 혼자 신나서 자전거를 타고 여기까지 왔겠지.

근데 이제 뒤에 한 명이 탔어.

그리고

그 사람들은 점점 늘어나게 될 거야.

아이들이 태어날 수도 있고

부모님이 늙어 가실 거고

네가 챙겨야 하는 사람들은 점점 늘어날 거야.

오르막에서 네가 너무 지친다고 발에 힘을 빼 버리면

같이 탄 사람들이 다 같이 넘어져 아주 위험해져.

내리막이라고 해서 신나서 너무 쌩쌩 달리면

자전거 속도가 제어되지 않아서 위험하고,

주위에 있는 좋은 풍경이 너무 빨리 지나가면 슬퍼질 수 있어.

**부디 안전하고 즐거운 자전거 여행을 해봐!」**

결혼하고 주부로 산다는 것은 내 안의 에너지는 넘쳐흐르고 내면에서는 다양한 욕구가 일어나는데, 그걸 다 누르고 사는 것이더군요.

반대로 할 일은 태산인데, 마음은 무기력하고 몸은 늘어지고 무거웠어요.
가위에 눌린 것처럼, 몸과 마음이 자유롭지 못해서 힘들었죠.

그 모든 것들을 이겨내기 위해서는, 굉장한 에너지가 필요해요.
매일 똑같은 일상에서도 나만의 일을 찾고 즐겁게 생활하는 것, 편안함 속에서 작은 행복으로 삶의 만족도를 높여 나가야 하죠. 내가 좋아하고 잘하는 일에 몰입해 보고 내 마음의 행복 공간을 넓혀 계속 채워나가야 하지요.

스승님께서는 말씀하신다.

"제자님

어른이 된다는 것은 자기중심에서 벗어나는 거예요.

자신의 처지가 있듯이 상대방의 입장도 존중하며
때로는 배경이 되어
다른 사람을 빛나게 도와줄 수 있는 사람

서로 다른 관점이 공존할 수 있음을 인정하며
변화하는 세상과 자기 뜻 사이에 균형을 잡으려는 사람
유연한 사고를 하고 삶을 즐기며
풍요롭게 살아가는 것이 중요하지요.

유연한 사고로 삶이 좀 더 즐겁고 풍요롭길 희망해요."

## 기회의 발견

고등학교 다닐 때 아버지께서 말씀하셨어요.
"너희 세대와 우리 세대의 차이가 뭐라고 생각하니?
우리 세대도 좋은 음식 먹고 멋을 부리며, 멋지게 살고 싶고
그렇게 살 수 있어. 그렇게 하지 않는 이유는 내가 가장이고
가족들과 함께 잘 먹고, 잘 살아야 하는 책임감이 있기 때문
이지."

아버지는 저를 향해, 성공하고 싶으면 '헌신'을 해야 하고, 부처는 따로 있는 것이 아니라 내 마음 안에 있다고 하셨어요.

삶을 살아가는데, 우리가 놓인 환경은 중요한 역할을 하죠. 그러나 같은 환경에서 태어난 사람들도 각자의 독특한 시각과 경험을 통해, 서로 다른 방향으로 나아가고 각기 다른 모습으로 살아가요. 이러한 차이는 우리가 삶을 바라보는 태도가 다르기 때문이라고 생각해요.

사회생활을 하면서, 기회가 주어져도 두려움과 불편함을 호소하며 미루는 경우가 많았어요. 또한, 주변 사람들의 의견에 더 귀를 기울이며 편안한 길을 선택했죠. "한번 도전해 볼래?"라는 권유에도 새로운 환경과 책임감, 그리고 성과에 대한 압박이 두려워 안주하고 편안한 일에만 집중했어요.

하지만 결혼 이후, 주부로 살다가 다시 사회생활을 하기 위해서는 삶을 바라보는 태도가 달라져야 했어요. 작은 일에도 최선을 다하고 기회가 오면 주저 없이 용기를 내어 도전해야 했죠. 좋은 스승님을 찾아다니며 성장하고, 꿈을 이루기 위해 노력했어요.

꿈을 이루기 위해서는 작은 도전에도 적극적으로 참여하고 경험을 쌓아야 하죠. 작은 성공의 성취감을 여러 번 느끼면서 자존감과 자신감도 높여야 해요. 작은 성공들이 모여 큰 그림을 그려내듯, 반복적인 도전과 경험이 꿈을 이룰 수 있다고 생각해요. 내 마음속의 이야기에 귀 기울이며 내가 원하는 방향을 지속해서 추구해 보아요. 필요하고 해야 할 일들에 집중하다 보면 내가 나아가고자 하는 목적지도 더 선명하게 볼 수 있어요.

스승님께서는 말씀하신다.

"제자님
대중교통 이용할 때 매시간에 맞춰서 차들이 와요.

기회는 언제나 우리 주변에 있지요.
하지만, 사람들이 기회는 오지 않는다고 말하는 것은
준비된 자와, 준비가 안 된 자의
체감 온도가 다르게 느껴지기 때문이겠지요.

완벽하지 않더라도, 작은 기회 앞에서도
할 수 있다는 자신감을 가지고 최선을 다하는 태도의
도전을 가져봐요.

급변하는 세상, 내 인생의 설계도를
계획하고 수정하고 실천하고 수정하고를 반복하셔서
꿈을 이루시기를 소망해요."

# 성장을 위한
# 관점의 전환

쇼핑하다가 예쁜 옷을 발견하면 기분이 좋아져요. 상대를 좋아하고 사랑하는 감정도 누구보다 나를 행복하게 만들어요. 우리는 다른 사람들에게 영향을 받는 것이 아니라, 자신을 위한 감정을 스스로 만들어 낼 수 있어야 한다고 생각해요. 그래야, 행복, 불행의 다양한 감정을 자유자재로 조절할 수 있어요.

사랑하는 사람이 등을 보이고 떠나가면 마음이 아프죠. 세상이 멈춘 것 같고, 몸은 늘어지고 생각의 틀에 갇혀서 내 마음도 마음대로 조절하기도 힘들어져요.

「어떤 견해를 갖는 것, 즉 바라보는 시각을 갖는 데는
개인적인 지식이나 경험, 능력 등이 밑천이 된다.

하지만 너무 자신의 시각만 고집하다 보면
다른 사람의 견해는
무시하게 되는데, 이는 난처한 문제에 직면하는 이유가 된다.

시각은 중립적으로 유지하는 것이 바람직하다.
시각이 중립성을 잃으면
새롭고 적극적인 것을 선택하는 능력이 심각하게 손상된다.」
-데이비드 바움-

답답하고 복잡한 마음의 집착을 끊어내야, 삶을 바라보는 시각도 다양해지고, 더 성숙한 모습으로 성장하여 본래의 내 모습으로 되돌릴 수 있다고 생각해요.

스승님께서는 말씀하신다.

"제자님
세상을 바라보는 관점이 새롭고 다양해져야 해요.
우리의 감정은 타인이 아닌,
자신을 위한 것임을 깨달아야 하고

나를 보호해 낼 수 있는 새로운 관점으로,
다른 각도에서의 세상을 바라보는 연습을 해보아요.

깊은 상처가 생긴 곳은 100퍼센트 회복하기는 힘들어요.

어느 날 갑자기 마음의 상처가 덧나서
나를 괴롭힐 순 있지만 점점 그런 시간도 줄어들고
깊은 상처도 옅어질 거예요.

그러다 보면 내 안의 상처도 서서히 새살이 올라오죠.
그 새살은 '자신'만이 재생해 낼 수 있어요.

나의 좋은 점에 집중하는 일, 이게 자존감의 출발이고
인생을 아름답게 살아내는 방법이지요."

# 연민은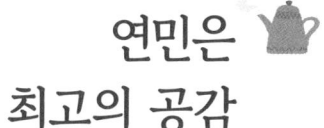
# 최고의 공감

　출산 전날, 의사 선생님으로부터 저녁에 입원하라는 안내를 받았어요. 신랑은 해외 출장으로 늦은 시간에 귀국 예정이었기에, 언니, 조카와 함께 고기를 든든하게 먹고, 음식 냄새를 풍기며 혼자 병원으로 향했죠. 병원으로 향하는 길에 긴장감이 밀려왔고 도착했을 때는 설렘도 교차했어요. 예상보다 일찍 찾아온 진통으로 새벽 2시에 자연분만으로 사랑스러운 딸을 출산할 수 있었죠. 처음 경험하는 출산은 긴장되었지만, 그날 모든 순간이 생생할 만큼 인생에서 특별하고 잊지 못할 하루였어요. 그리고 사랑스러운 딸의 탄생으로 제 인생은 새로운 시작을 맞이했죠.

임신 중에 물혹이 커져 꼬이는 일이 있었어요. 극심한 통증으로 동생의 도움을 받아 새벽의 고요함을 뚫고 병원에 도착 후, 다음날 바로 수술받았죠. 새벽 시간에 느낀 통증은 출산할 때보다 몇 배는 더 아프게 느껴졌어요. 임신 중에는 호르몬 변화로 물혹이 없어질 수도 있지만, 커질 수도 있어요. 저는 운 나쁘게 물혹이 커져 꼬였던 거죠. 그렇지만 운 좋게 건강하게 딸아이를 낳을 수 있었어요. 해외 출장을 마치고 돌아온 남편의 눈빛에서도 말로 표현할 수 없는 감사와 안도를 느꼈어요.

병원에서 딸아이를 출산하고 처음으로 눈이 마주쳤어요. 딸의 크고 맑은 눈으로 나를 바라보는 순간 기분이 묘하고 설렜죠. 서로를 만나기 위해 10개월 동안 한 몸이 되어, 함께했던 모든 시간이 신비롭고, 감사했어요. 품에 안긴 사랑스러운 딸아이는 이 모든 시련을 이겨낼 힘이 되었죠.

그렇지만, 엄마가 된다는 것은 점점 더 책임감이 늘어나는 과정이더라고요. 아이를 낳는 순간, 저는 주부가 되었고 딸아이는 매일 크게 울며 저를 힘들게 했어요. 그 모든 것이 감당이 안 되고, 하루하루가 긴장과 스트레스로 에너지가 고갈되었죠. 주말부부였기 때문에 매일 애타게 신랑을 기다릴 수도 없었어요. 힘들게 일하고 주말에 돌아오는 신랑을 잘 챙겨주지 못해서 미안하면서도 신랑이 내 마음을 들여다보며 격려와 위로를 해주기를 바랐죠.

서로가 마음의 여유를 느낄 수 없는 현실이었어요. 주말부부는 각자의 역할이 뚜렷하고, 더 많은 책임감을 느끼고 홀로서기를 잘 해내야만 해요.

(지금의 내가, 처음 엄마가 되었을 때의 나에게 보내는 편지)

힘들었지, 고생했어. 오늘 하루는 어떻게 보냈어?

마음과 몸 상태는 어떠니?
지금이 호르몬 변화와 환경 변화로
제일 혼란스럽고 힘들 때야.
그래도 꿋꿋하게 잘 이겨내는 모습이 정말 멋져.

엄마가 되어 보니 어때?
엄마가 처음이라 혼란스러운 것은 당연한 거야.
그러니 잘 해내지 못하더라도 자신을 자책하지 마.

아이가 많이 울어서 어떻게 해야 할지 모르겠지.
온종일 아이를 안고 업고 있으니 몸도 마음도 많이 지쳤겠다.
밥은 잘 챙겨 먹고 있니?

그때 예쁜 아기와의 시간을 잘 이겨내 줘서
지금의 성숙한 '나'가 될 수 있어서 정말 고마워.

어린 시절의 모습도,

엄마가 처음 되어 혼란스러웠던 순간도,

그리고 이 글을 쓰고 있는 현재의 순간도, 모든 시간을 응원하고 사랑해.

🌿

스승님께서는 말씀하신다.

"제자님

연민은 최고의 공감이지요. 그것은 상대의 고통을 생각하고 느끼며 그 고통을 덜어주고자 하는 마음이 있기 때문이에요.

그 고통에서 벗어날 수 있도록 무엇인가를 하고 싶은 것이고, 이것은 자기연민에도 그대로 적용돼요.

마음이 힘들 때는, 자신에게 따뜻하고 예쁜 말을 많이 하며 위로, 격려해 보아요."

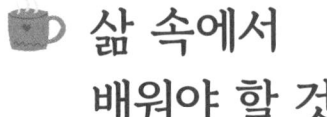 # 삶 속에서
배워야 할 것

 참고만 살면 안 돼요. 그러면 내 문제였던 것들이 주변 사람들에게까지 영향을 미칠 수 있어요. 삶의 경험이 부족할 경우, 문제 해결 능력이 미숙한 경우가 많아서, 수동적으로 문제가 저절로 해결되기를 바라거나 누군가가 그 일을 해결해 주기를 바라지요.

아무 일이 일어나지 않을 때는 몰랐죠. 살면서 문제가 발생해 보니 느낄 수 있었어요. 놓인 문제를 잘 풀어나가야 하는 것은 꼭 해야만 하는 숙제 같은 거죠. 미성숙할 때는 알아서 척척 다 해결해 주는 해결사가 늘 곁에 있으면 좋겠다고 생각했어요. 하지만 내 숙제는 스스로 풀어보고 최상의 답을 찾기 위해 노력하며 해결해 나가야 다시 삶의 평화도 찾아와요.

상대가 나에게 맞추기만 하는 배려를 바라며 사람을 만나면요.

갈등이 생기면 두 사람의 관계에서 끝나는 것이 아니라, 다른 사람들과의 관계까지 문제가 생길 수 있어요. 해결이 안 된 상태로 가만히 있으면 힘들어져요. 공개적으로 소통하고 문제를 정면으로 해결하는 것이 정말 중요하다고 생각해요. 나에게 일어나는 모든 문제가 다 저절로 해결되고, 쨍하고 해 뜰 날을 기대하며 행복한 순간을 기다리지만 그렇지 않은 날들이 더 많을 수 있다는 거죠.

우리가 살면서 배워야 할 것은요. 가시밭길일 때도 슬기롭게 대처하는 방법을 익혀나가는 거죠. 뭔가 방법이 있을 거야. 진흙탕 길이라고 해도 맨발로 뛰어놀면서 즐겁게 가는 방법들을 찾아내는 거예요.

친구와 길을 걷는데 갑자기 거친 소나기가 내려도, 비에 홀

딱 젖어 그 순간을 느껴보는 거죠. 인생에서 그런 순간들 덕분에 오히려 인생 한 컷의 명작이 나올 수 있다고 생각해요.

가시밭길과 진흙 길은 살아가는 동안 평생 밟고 걸어가야 하는 거라면, 내 뒤에 따라오는 사람들은 부드러운 길을 밟을 수 있도록 옆 사람과 함께 좋은 길을 만들어 나가 보는 거지요.

🌿
스승님께서는 말씀하신다.

"제자님
인생이 고통스럽다고 느끼는 것은 고통에 민감하기 때문이지요.

고통의 자극에만 반응하고 힘든 날만 추억하고

아픈 것만 기억하면 아파야지만 움직이게 되고
몸도 마음도 힘들어져요.

어른이 된다는 것은, 나에게 놓인 고통을
이겨낼 힘을 가진다는 거예요.

내 힘으로 세상이 안 바뀔 때는 혼자 끙끙 앓지 말고
받아들이고 그냥 지나치는 무심함도 길러보아요.

지옥과 천국의 마음 상태를 만드는 것도 내가 정하는 거예요. 지옥을 만드는 가장 빠른 방법은 부정적인 일에 집중하며 나를 계속 괴롭히는 것이고 반대로 천국의 비밀은 긍정적인 마음이지요.

가는 길이 힘들다고 과거의 길을 다시 돌아갈 수 없듯
천천히 가더라도 계속 앞으로 걸어 나가 보아요."

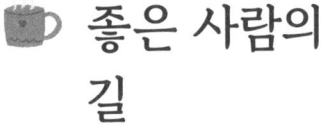 # 좋은 사람의 길

　좋은 사람은 누구를 가리키는 걸까요? 이 세상에 나쁜 짓 하는 사람들 제외하면 다 좋은 사람들일까요?

제가 생각하는 좋은 사람은 성숙하고 깊은 내공이 있는 진짜 어른요. 그런 사람이라면 최소한의 기본 예의를 지키고 남에게 상처를 주지 않을 것 같아요. 어릴 적에는 어른이 되면 천하무적인 줄 알았고, 아주 큰 사람이 되는 줄 알았어요.

하지만 제가 어른이 되어 보니, 진짜 어른과 겉모습만 어른인 사람들이 있다는 것을 깨달았어요. 후자는 마음은 미성숙한데 세월의 시간 따라 겉모습만 어른이 되어 있는 거죠.

어느 조용한 오후, 버스에 승차했는데, 앉을 자리가 없어서 서 있었어요. 근데 옆에서 나이 드신 아저씨께서 "요즘 젊은 사람들은 양심이 없네. 어른이 와도 자리를 일어나지를 않네. 눈치가 없네. 일부로 자는 척을 하네." 하시면서 앞에 있는 친구를 보며 큰 소리로 나무라셨어요. 그 친구는 졸다가 당황했는지 "시험 기간이라 어제 밤을 새워서 졸았어요."라고 작은 목소리로 대답하더라고요. 그 순간 제 마음에는 씁쓸한 감정이 스쳐 지나갔어요.

진정한 성숙한 어른이 된다는 건 뭘까요?
삶을 대하는 태도가 좋아야 한다고 생각해요. 마음의 여유를 가지고 타인의 입장도 헤아리며 배려할 줄 알고, 힘든 상황 속에서도 자신이 먼저 모범을 보일 수 있는 의지력이 강한 사람요.

우리는 열아홉 살을 아이로 살다가 스무 살에 갑자기 성인이 돼요. 미혼으로 평생을 아이처럼 살다가 결혼 후, 아이 낳고 바로 진짜 어른이 되어야 하죠.

*진짜 어른이 되기 전에, 틀 안에 자신을 가두지 말고 자유롭게 나를 표현하며 다양한 경험을 많이 해봐요. 여러 관점에서 세상을 느끼고 깨달으며 알아가는 과정이 꼭 필요하다고 생각해요.*

어른이 되면 책임감이 늘어나고, 어리광을 부리기보다는 누군가를 받아줘야 하는 상황들이 계속 생겨나니까요.

스승님께서는 말씀하신다.

"제자님

우리는 일상에서 감사하고, 감동하며, 감탄할 수 있는 순간들을 적극적으로 찾아야 해요. 이러한 순간들을 통해 긍정적인 마음과 감사한 태도로 삶을 풍요롭게 만들 수 있지요.

힘든 시간을 겪은 사람들은 오늘 하루가 더욱 소중하고 귀중하게 느껴질 수밖에 없어요.

매일 열심히 살아내는 자신을 사랑하고 응원해봐요.
세상에서 일어나는 일들에 대해 궁금증을 갖고, 답을 찾아가며 삶의 순간들을 행복으로 차곡차곡 쌓아나가기로 해요."

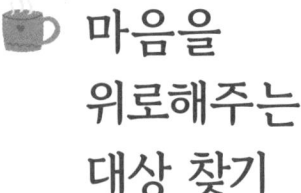 마음을
위로해주는
대상 찾기

아이를 키우는 과정은 정말 많은 주의가 필요해요. 특히 어린 아이들은 작은 사고가 잦게 발생할 수 있어 늘 긴장되죠. 열감기로 인해 고열이 발생하여 병원에 가면, 1시간 이상 기다리는 것이 일반적이고 기다림의 연속이에요.

아이가 성장하면서 이유식을 시작하게 되면, 모유나 분유를 끊어야 하는 시기도 와요. 그때, 의사 선생님께서 모유나 분유 대신 물을 먹여 보라고 권유하시어, 새벽에 딸아이가 울 때마다 젖병에 물을 넣어 먹였죠. 그다음 날, 아침에 밥을 먹다가 딸아이가 경련을 일으켰어요. 너무 놀라서 119를 불러 병원에 가니, 물을 너무 많이 먹어서 그렇다고 하셨어요. 그때 물을 많이 먹어도 안 좋다는 걸 알게 됐죠. 그날, 너무 놀랐던 마음이 한동안 트라우마로 남았어요.

딸아이는 주사를 맞을 때도 어른들이 함께 붙어서 잡아줘야 했어요. 아이가 한번 울면 주변 사람들마저 정신없게 만들었거든요. 매일, 온종일, 수시로 아이가 울다 보니 너무 힘들었어요. 울음으로 모든 것을 표현해내는 '아기 가수'라고 불릴 만큼 유명했죠. 그때는 다들 예민했던 시절이라, 그치지 않는 아이의 큰 울음소리를 좋아했던 사람은 아무도 없었어요.

모든 것들이 미숙했고 무섭고 버겁고 힘들었어요. 몸은 붓는데 체력은 바닥이고, 받기만 했던 내가 이제는 주기만 해야 하는 환경으로 변해있었죠.

그날도 저는 아이의 감기로 병원을 찾았어요. 진료실에 들어서니 의사 선생님께서 저를 따뜻하게 맞아주셨죠. 정말 친절하게 제 이야기를 들어주시고 애쓰시는 모습이 느껴졌어요.

"선생님, 한 가지 더 여쭤봐도 될까요? 제가 둘째를 낳아도 괜찮을까요?"
질문을 던지는 순간, 의사 선생님의 눈빛이 잠시 흔들리는 걸 느꼈어요. '이 엄마 왜 이러시지?' '왜 이런 질문을 나한테 하지?' 어리둥절한 표정을 지으셨죠.

그 순간, 저 자신이 참 안타까웠어요. 왜 나는, 하필 그때, '둘째 낳아도 되나요?'라고 질문했을까요.

그 당시 처해있는 환경이 너무나도 부담스러웠던 것 같아요. 관심과 사랑을 원했나 봐요. 근데 사람들과 대화를 나누면 마음이 가볍지 않고 더 부담스럽고 챙겨야 할 일들만 보였어요. 나의 마음 그릇은 작은데, 계속 담아야만 하니 벅차고 지쳤죠. 그래서 나를 지키기 위해 마음의 소리를 내지 않고 덮기만 했어요. 사람들과 부대끼며 웃고 즐기는 것을 좋아하는 난, 점점 마음을 풀지 못하고 쌓아만 갔죠.

*마음이 말해요.*
*'마음의 경고 불이 켜졌어.' '제발 나를 들여다봐 줘.'*
*'나를 지켜줄 사람은 바로 너야.'*

힘들 때, 마음을 나눌 수 있는 소중한 분들과 깊은 대화를 나누며 마음의 짐이 조금씩 가벼워지는 그런 순간을 경험하시나요?

자기 생각과 감정만을 중요시하는 이들로 인해 오히려 마음의 무게가 더해지고 있는 것은 아닌지요?

살아가면서 절대적인 내 편이 되어, 나의 이야기를 들어주고 편안하고 따스한 미소를 건네주는 사람들과 함께하며 마음이 평온해지기를 소망해요.

🌿

스승님께서는 말씀하신다.

"제자님
불완전한 인간은 평생 자신을 위로해 줄
그 무언가를 필요로 하고
안정감을 얻기 위해 의지할 수 있는
대상이나 활동으로 위로받죠.

유년기에 안정적 애착이 형성되지 못한 사람이라면 더욱더 자신에게 위안을 주는 대상을 찾을 수 있어요.

그것이 지나치면 집착이나 중독이 되지만
적당하다면 삶의 상처와 결핍을 위로해주고
자기다움과 홀로서기에 도움을 주지요."

 # 내면 아이야?

'내면 아이'란 어린 시절의 경험과 감정으로 인해
성인이 된 후에도 계속해서 영향을 미치는
나의 마음속 어린아이예요.

안녕!

내면 아이, 너를 찾고 있었어

숨바꼭질 놀이 중이었니?

안 보여서 한참을 찾았네


요즘에는 무슨 놀이를 많이 해?

바닷가에서 혼자 모래놀이를 하며

뛰어노는 너를 봤어


이제는 혼자서도 울지 않고

즐겁게 자유롭게 뛰어놀고 있더라

많이 외로웠지
작고 어린 네가 혼자 그 바닷가에서
얼마나 무서웠을까?

잘 견뎌주고 이겨내 줘서 정말 고마워

그리고

많이 부족한 내가 너의 주인이라서 미안해
이런 나에게로 와서 기다려주고 먼저 마음의 문을 열어줘서
얼마나 고마운지 몰라

이제는 내가 너에게 보답할게
비가 오면 너의 우산이 되고

바람 불면 바람막이가 되고

상처가 덧나면 약도 발라주며

날아오는 칼날로부터 든든한 방패막이 되어 줄게


기억나니?

우리가 함께 해왔던 모든 일상의 추억들

네가 환하게 웃는 모습들은 나를 너무 행복하게 했어

네가 혼자 울고 있을 때는 나의 마음도 많이 아팠어


나는 네가 환하게 반짝반짝 빛날 수 있도록

많이 도와줄 거야


네가 나를 떠나가는 날

나를 만나서 너무 행복했다고 느끼게 해주고 싶어


너무 오랫동안 혼자 둬서 미안해

사랑해, 나의 내면 아이야!

🌿

스승님께서는 말씀하신다.

"제자님
삶은 아픔과 고통, 행복과 즐거움이 함께 공존하죠.
길을 잃었다고 가만히 서서, 언제까지나 울면서 누가 도와주기만 기다릴 수는 없는 일이지요.

좋은 사람들과의 소통, 나를 이해해주고 결이 맞는 사람들과의 만남으로
삶의 희망을 얻어야 해요.

행복 씨앗을 내 안에 뿌려,

나에게 들려주는 예쁜 말과 글로 행복 향기를

더 크게 느낄 수 있어요.


오늘의 찬란한 태양 빛 사이로

무지갯빛을 볼 줄 아는 힘을 길러보아요."

## 솔직한 대화

5학년 딸아이가 속상해해요.
"엄마, 나를 많이 좋아해 주는 친구가 있는데 그 친구는 나랑 많이 달라!
그래서 많이 불편해. 내가 싫다고 하는데도 내 말을 존중 안 해줘"

그러고 보니 딸아이 친구를 만나 본 적이 있어요.
"이모, 은서도 화를 내나요? 화내는 모습을 한 번도 본 적이 없어요. 내가 잘못한 일도 자기가 잘못했다고 먼저 사과해요."

"은서도 화를 내지. 친구에 대해 잘 모르는 것 같은데."라고 대화를 했던 것이 떠올랐어요.

*"딸!*
*어떠한 상황에서라도 자신을 지킬 줄 알아야 해.*
*마음 이야기를 표현해 낼 줄 알아야 하고,*
*친구와 불편한 상황이더라도 잘못한 일이 없을 때는*
*미안하다가 아니라, 솔직한 마음의 이야기를 하는 거야."*

제가 5학년 때 있었던 일이에요.
예쁘고 인기도 많고, 자유롭게 자기를 잘 표현하는 친구와 집 방향이 같아, 등하교도 함께 하며 절친이 되었어요. 하루는 교실을 청소하고 있는데 반장이 내 곁에 오더니, "너 진영이 그림자야. 그림자처럼 붙어 다니는 것 같아."라고 말했어요. 다른 친구의 눈에 내가 그렇게 보였다는 건 정말 충격이었어요.

배려하는 나의 태도가 그냥 끌려다니는 듯 보였나 봐요. 그날 이후로 나는 달라졌어요. 마음의 소리를 표현하기 시작했고, 그 친구와 자주 티격태격 충돌이 생겼죠. 그리고 우리는 6학년 때 다른 반이 되면서 멀어지게 되었어요.

상대를 마음대로 조종하려는 방식으로 말하지 말고, 불편한 말도 부드럽고 솔직하게 말해야 해요. 예쁜 말만 하고 착하게 말하려면 참기만 해야 하죠. 불편한 상황 속에서도 솔직하게 "친구야! 내가 지금 너한테 이런 말을 한다는 게, 너한테 불편하게 들릴까 봐, 내가 좀 망설여져! 그렇지만, 너와 더 편하게 지내고 싶어서 마음속 이야기로 소통하고 싶어." 이야기부터 해보는 거지요. "넌 이기적이야!"가 아니라 "나도 존중받고 싶어."라고 마음의 대화를 주고받는 거예요.

스승님께서는 말씀하신다.

"제자님
사람을 만난다는 것은 참으로 커한 일이지요.
사람과의 만남을 통해 그 사람의 감정, 행동, 습관들이 하나둘씩 전해지기 때문이에요.

행복해지기 위해서는 무슨 일을 해도 긍정적으로 바라보고 잘될 것이라며 응원을 보내주는 고마운 사람 곁으로 가도록 해요. 그들 곁에는 따스함이 있어요. 세상 다른 이들로부터 받은 상처를 말없이 어루만져 줄 그런 사람 곁에서 머물러 보아요."

# 자신을 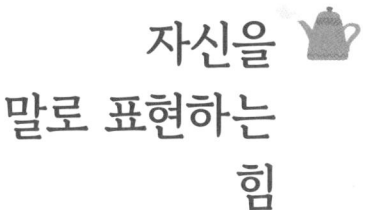 말로 표현하는 힘

 우리가 누군가에게 무언가를 주고 싶어지는 이유는, 무언가를 받고 싶기 때문일 수 있어요. 사회에서의 관계는 이익을 기반으로 하고 서로에게 어떤 도움을 줄 수 있는지가 가장 중요할 때가 있죠.

똑똑하고 멋진 사람은 많지만, 나에게 어떤 도움을 줄 수 있는지 설득이 되지 않으면, 사회생활에서는 관계를 형성해 나가기 힘들 수 있어요.

이력서에 기재된 내용만으로는 사람들에게 어떤 도움을 줄 수 있는지 모든 것이 다 증명되지 않죠. 그래서 중요한 것은 '우리가 서로에게 어떤 도움을 주고, 받을 수 있을까?'를 말로 잘 표현하는 거예요.

나의 이야기를 통해, 누군가가 '아, 이 사람과 함께하면 서로 성장해 나갈 수 있겠구나!'라는 생각이 들도록, 상대의 마음을 움직일 수 있어야 하죠.

**자신이 가진 강점과 비결을 말로 잘 표현하는 연습을 해봐요**. 진정한 관계의 시작은 서로에게 도움이 되는 관계에서 시작돼요. 자신감과 용기를 내어 나의 가치를 잘 표현하는 것이, 나의 꿈을 이룰 수 있게 해주는 첫 출발이 될 테니까요.

먼저, 말을 빛나게 하고 관계를 좋아지게 하는 방법의 하나는, 칭찬이에요.

칭찬 잘하고 계시는가요?

저는 칭찬받을 때 기분이 좋아지고 자존감도 올라가요. 칭찬해준 그 일을 앞으로도 더 잘 해내고 싶다는 생각이 들어요. **좋은 말은 다른 사람에게 널리 퍼뜨려 봐요.** 그럼 그 칭찬이 더 많은 사람에게 긍정적인 영향을 미칠 테니까요.

반면에, **나쁜 말은 정말 조심해야 해요.** 나쁜 이야기가 다른 사람에게 전해지는 순간, 그 말은 더 크게 증폭되어 돌아와, 나를 공격할 수 있어요. 나는 그 사람의 행동이 마음에 안 들어서 불만을 표출했을 뿐인데, 그 말들로 오해가 생겨 좋은 관계도 나쁘게 만들어버리죠.

긍정적인 말과 칭찬으로 주변을 따뜻하게 감싸도록 노력해 보아요. 그러면 서로가 더욱 긍정적인 에너지를 주고받을 수 있어요.

스승님께서는 말씀하신다.

"제자님

나이가 들수록 우리는 타인과 자신을 분리해야 하고

나 스스로에 초점을 맞추고 살아야 해요.

그러려면 자신에게 좋은 사람이 되면 돼요.

내가 먹고 싶은 것을 먹고 몸이 아플 때, 당당히 오늘은 쉬고 싶다고 말로 표현하는 것이 나를 지켜내는 일이지요.

변화와 성장을 원한다면 좋은 내면화의 대상을 찾아봐요.

생애 초기의 관계는 우리가 선택할 수 없었지만

후기의 관계는 스스로 선택해 나갈 수 있어요.

우리는 좋은 사람, 닮고 싶은 사람

함께 성장할 수 있는 집단을 찾고 다가가 변화해 보아요."

## 노력의 변화

이영표 선수의 이야기예요.

「어떻게 하면 경기장 안에서 축구 경기하는 애들보다 더 빨리 반응할까?
생각하다가, 줄넘기를 해야겠다고 마음먹었대요.

고등학교 일학년 입학 후
이단 뛰기를 하루에 천 개씩 해야겠다고 마음먹고 시작했는데 이단 뛰기 백 번만 해도 너무 힘들잖아요.
그래서 어떻게 했냐면

일학년 때, 이단 뛰기 백 번을 열 번에 나눠서 천 번을 했대요.
그렇게 이 년 동안 하고 고등학교 삼학년 됐을 때
이단 뛰기 줄넘기를 한 번에 천 번을 할 수 있게 됐대요.」

**실패 앞에서, 내가 넘어설 수 없는 내 한계 앞에서
그 한계 뒤에 있는 것들을 볼 수 있는 시선을 가져보라.**
는 이영표 선수의 이야기에 크게 울림이 왔어요.

*'나는 살면서 그렇게 노력해 본 적이 있는가?'*에 대해서 생각해 봤죠. 국가대표 선수들이 보이지 않는 곳에서 자신의 재능을 뛰어넘기 위해 그 이상의 엄청난 노력을 한다는 것에 놀라웠고 내 삶도 돌아보게 되었어요.

해낼 수 있다는 것을 보여주기 위해 열심히 노력하는 사람들이 있어요. 사고로 불구가 되어 장애를 가지게 된 사람, 어

른이 되어 질병으로 실력을 잃은 사람, 어릴 적부터 만성질병으로 끊임없이 관리하며 노력하는 사람, 그들은 힘들고 방황하는 시간을 겪었지만, 누구보다 자신이 하는 일에 성취감을 느끼고 몇 배의 노력을 더 해, 독립적인 삶을 살아가고 있었어요.

어찌할 수 없는 부분에만 집중하여 고민하고 계시나요? 우리는 현실을 똑바로 인식하고, 부족한 부분을 인정해야지만 다음 단계로 넘어갈 수 있어요.

자신의 장점을 더 성장시키는 과정에서 작은 성취감을 많이 느껴보시고, 원하는 목표에도 도달해 보기로 해요.

🌿

스승님께서는 말씀하신다.

"제자님

결과가 좋지 않다면 원인과 결과를 정확하게 분석해 보고
누구나 하는 노력에서, 좀 더 노력을 더 해내면
더 큰 성장을 이뤄낼 수 있어요.

사람이 할 수 있는 일이고, 그 길이 나의 길이라면요.
그 길, 뚫고 당당하게 앞으로 나아가 보는 거지요."

# 기분 좋은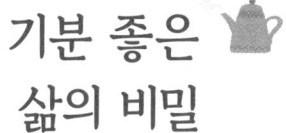
# 삶의 비밀

어떤 날은, 특별한 것 없는 무료한 일상에서 공허한 마음을 붙들고 하루를 보내기도 하고, 때로는 통제할 수 없는 감정의 홍수에 빠지곤 해요.

우리가 내리는 비를 막을 수 없는 것처럼, 조심스럽게 안전 운전하며 이동한다고 해서 늘 우리의 안전이 보장되지는 않아요. 사고를 막기 위해 미리 주변을 잘 살피고 대비를 한다고 해도 휘몰아오는 자연재해를 완전하게 막아내기는 힘들죠.

외로움도 그런 것 같아요. 의지와 상관없이 갑자기 밀려오는 외로움은 마음을 쓸쓸하게 하죠. 그러다, 서서히 감정이 메말라 가면 행복한 일이 있어도 느끼지 못하는 무감정 상태, 공허한 기분이 돼요.

가던 길도 계속 지나가면 그 길이 닳게 되는 것처럼, 우리 뇌도 과거에 대해서 반복적으로 생각하다 보면 그 습관들이 길이 되어 생각의 틀을 만들어버리잖아요.

그래서 뇌에 좋은 길을 만들기 위해서 좋은 습관을 들여야 해요. 성취감을 이뤄내면 기분이 좋죠. 기분이 좋아지면 그 행동을 다시 하게 되고 그것은 좋은 습관으로 이어져요. 자연스럽게 인내력, 통제력, 조절력까지 키워낼 수 있어요.

우리의 몸과 마음은 '칭찬'을 좋아하고, '기분 좋음'을 유지하고 싶어 하니까요. 자신에게 '예쁜 말'도 들려주고 '지금' 깨어 있는 연습을 하며 긍정적이고 능동적인 나를 만들어 봐요.

어릴 적에 지니고 있던 나쁜 습관들은 어른이 된다고 해서 개선되지 않죠. 나쁜 습관을 버리고, 좋은 습관을 꾸준히 반복해 나갈 때 좀 더 성숙한 내 모습을 발견할 수 있어요. 지금 깨어 있고, 집중하며 더 나은 '나'로 성장해 나가는 순간들로 자신에게 반하게 되는 힐링 같은 시간을 선물해보아요.

소소한 일상의 작은 행복들을 발견해 내어,
몸과 마음이 '기분 좋은' 상태를
기억하고 좋은 삶의 길을 만들어 보기로 해요.

스승님께서는 말씀하신다.

"제자님
스스로 자신을 많이 토닥여 주고 안아주며 사랑한다고 말해봐요.

자신을 안아주는 작은 행동이, 자신의 가치를 인정하고

소중히 여기는 마음을 키워내지요.

기쁘고 행복한 감정들이 많이 누적되면

억지 미소가 아니라

자연스러운 내 마음에서 우러나는 미소를 짓게 해요.

이것은, 자기애의 실천이며 편안을 주고

행복으로 가는 길이죠.

오늘도 편안한 마음으로 미소 짓는 일들을

많이 만들어 보시기를 응원해요."

# 3

## 감정과 성장

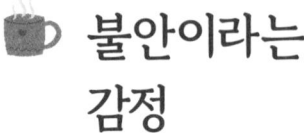 # 불안이라는 감정

　모든 감정은 자연스러운 것이므로 자연스럽게 표현하는 것이 좋아요.

여러 감정이 갑자기 거친 파도처럼 밀려올 때가 있지요. 불안이라는 감정은 너무 쉽게 우리를 제압해요. 몸과 마음이 지친 날은 감당해내기도 벅차죠. 그럴 때 우리는 불안한 감정을 빨리 떨쳐내고 싶어 해요. 크게 숨을 한번 쉬고 한 발짝 뒤로 물러서서 내 감정을 들여다보고 알아차리며 이해하면서 공감해줘야 해요.

영화 '인사이드 아웃 2'에서 바라본, '불안'은요, 주인을 돕기 위해 빛의 속도로 자신을 움직여요. 그 형체는 마치 회오리 바람 같아요.

그런데,
불안이 빠르게 움직일수록 주인의 마음은 더 흥분되고 점점 평정심을 잃어가죠. 그 행동 때문에 주인이 힘들어한다는 것은 몰라요. 주인을 보호하기 위해 더 바삐 움직이며 자신을 잃어가요. 그 모든 것은 주인이 잘되기를 바라는 마음이래요.

그런 행동을 본 '기쁨'이 '불안'을 꽉 잡고 안아줘요. 그제야, 평정심을 찾은 '불안'이 자신도 멈출 수 없었다고 무서웠다며 눈물을 흘려요.

**내 마음이 너무 불안해서 평정심을 잃고 무서울 때는요.**

몸과 마음이 흔들리지 않게 나를 '꽉' 안아줘요.
'괜찮아, 그럴 수 있어.' '현실과 기대치 사이의 괴리감에서 오는 불편한 감정일 뿐이야.'라며 진정시키죠.

자신을 사랑하고 내면이 강해지려면, 나의 감정을 이해하고 그 감정을 활용해 나를 설득하며 더 좋은 방향으로 나아가려는 자세가 중요해요.


스승님께서는 말씀하신다.

"제자님
불확실성은 누구에게나 불안을 만들어내지요.

불안을 잠재울 수 있는 근본적인 방법은요.

바로 그 불안보다 내가 더 커지면 돼요.

불안을 이겨 낼 만큼

극복할 정도로 성장하면,

불안은 더 이상 불안이 되지 않죠.

불안을 객관적으로 보면

정말 생각하는 만큼의 불안이 아닐 수 있어요.

불안을 종이 위에 객관화시켜보고

불안보다 더 성장할 수 있는 시간을

자신에게 선물해보아요."

 삶의 의미

 집으로 가는 길, 아파트 단지 내에서 사색하며 좁은 길로 몸을 틀었어요.

그 길 앞에 덩그러니 앉아 있는 큰 고양이를 보고 '쟤 뭐야, 무섭게!' 하며 걸음을 멈췄어요. 누가 자리를 피했을까요? 제가 무서워서 뒤돌아 집으로 가버렸어요.

가만히 생각해 보니 기분이 안 좋았어요. 내가 사람인데, 고양이가 도망을 가야지, 왜 내가 피해 간 거지. 경계하듯, 강렬하게 빛나는 눈빛으로 공격할 것 같던 그 고양이는, 나를 무엇으로 생각했을까요? '덩치도 큰 사람이 겁은 많네. 간식이라도 던져주고 가지, 뭐야' 하는 마음의 소리가 들리는 듯했어요.

시원한 가을을 지나 추운 겨울이 오면 길고양이도 따뜻한 장소를 찾아 떠나가겠죠. 그 길고양이의 삶은 어떨까요? 우리네 삶처럼, 찬바람 이겨내고 먹을거리를 찾아내야 하니 고달프고 버거울 때가 있겠지요.

언제 삶이 고달프다고 느껴지시나요?
기대하는 삶의 이상과 현실 속의 생활에 괴리가 느껴지고 비교하게 될 때, 좀 더 고달픈 느낌이 드는 것 같아요.

나의 삶을 살고 계시는가요?
남에게 보여주기 위한 삶을 살고 계시는가요?
목표 달성만을 위해 쫓아가기 바쁜 삶을 살고 계시진 않으신가요?

삶은 '실제 나'와 함께 살아가야 마음에 평화가 찾아온다고 해요.
자신을 관찰하고, 내면 소통으로 '실제의 나'와, '내가 되고 싶은 나'를 잘 구분하여 현실 속의 '나'에게 집중해봐요. 그런 시간이 쌓일 때 '내가 되고 싶은 나'로 성장해 있는 자신을 발견할 수 있어요.

살다 보면 누구에게나 삶이 고달플 때가 있잖아요.
그 고달픔을 달래주고 싶을 때는 나만의 숨구멍을 찾아보아요.

사랑하는 사람에게 예쁘게 보이기 위해서 다이어트를 하고 자신을 가꾸는 일 말고요. 당당한 자신을 사랑하는 나에게, 몸도 마음도 건강해지기 위한 좋아하는 운동을 해보는 일, 행복한 순간들을 떠올리는 일, 봄 향기와 시원한 가을바람으로 '기분 좋음'을 느껴보는 거죠. 내가 진짜 좋아하는 일들을 바쁜 일상에서, 짧은 시간이더라도 자주 시간 내어 숨구멍을 찾아 즐겨 보아요.



🌿

스승님께서는 말씀하신다.


"제자님

혼자 걷는 길에서는,

걷다 보면 마음속 숨어있던 많은 감정이 올라와요.


교실에서 혼자서 공부하는 것보다,

선생님과 친구들이 함께일 때 더 행복을 느끼는 것처럼,

자신의 길을 걷다가 같은 방향을 바라보는 사람을 만나면

함께 걸으면서 크게 웃어보고,

주거니 받거니 도움받아보는 거죠.

그러면 내 마음의 고달픈 감정에도 휴식을 줄 수 있어요.

바람도 느껴보고 아름다운 풍경도 눈에 많이 담아

풍요로운 마음이 무엇인지

스스로 많이 느껴보는 날들이 되기를 바라요."

## 공감받으며
## 살고 계시나요?

 자신을 잘 이해하기도 어려운데 다른 사람을 공감한다는 것은 더 어려운 일이죠. 세상에는 내가 경험해 보지 못한 일들이 더 많으니까요.

서로 공감하며 이해하고 지지해주는 삶을 살고 계시나요?

우리는 힘들 때, 소통을 더 간절하게 원해요.

그런데요.

진짜 힘들 때는 소통이 어려워요. 그 순간은 나만의 생각에 빠져 마음도 불안하고 그 마음을 이해해 줄 수 있는 사람도 잘 없죠. 누군가와 이야기를 나누다 보면, 내 앞에 보이는 것이 사람이 아니라 벽인 것 같은 느낌을 받을 수 있어요.

왜냐하면 상대는 나의 처지를 모르기 때문이에요. 할머니께서 유치원생 앞에 놓고, 살아온 인생을 털어놓으며 위로해달라고 매달리는 느낌과 비슷하겠지요.

중학교 1학년 때, 친구에게 "아~ 삶이 힘들게 느껴진다." 했더니 친구가 자기는 아직 힘든 감정을 잘 못 느껴봐서 공감이 안 된다고 했어요. 그 후로 시간이 흘러 어른이 되어 친구에게 그 이야기를 언급했을 때, 자신이 그랬다는 것도 기억하지 못했지요.

많이 힘들고 지칠 때, 그 상황을 제일 잘 아는 사람은 자신이죠.

## 스스로 듣고 싶은 말을
남에게 바라기보다 자신에게 많이 들려주며 위로해 보아요.

우리는 삶에서 크고 작은 고통을 느껴요. 그 고통을 조금이나마 해소하려면 내게 놓인 환경을 잘 살펴보고 내가 할 수 있는 일들에 집중하는 거죠.

우리의 가장 큰 고통은 해결할 수 없는 일 때문일 때가 많아요. 달걀로 바위를 치는 시도를 반복하며 자신을 괴롭히거나 자책하지 말고, 복잡한 머릿속의 생각을 비우며 차분하고 편안한 마음을 가져봐요. 마음이 편안한 상태일 때, 놓인 환경을 좀 더 냉철하게 판단할 수 있어요.

나를 일으켜 세울 수 있는 용기, 그것은 행복으로 가는 지름

길이에요.

잘못된 습관적 행동이 우울과 무기력을 만들어내고 있지는 않았는지 생각해 보고, 나에게 맞는 개선점을 발견하고 실행해 보세요.

🌿
스승님께서는 말씀하신다.

"제자님

책을 가까이해요. 모든 스승은 책 속에 있다고 하지요.

내가 찾는 답을 책을 통해 깨우치며,

나를 맑음으로 변화시켜 보는 거예요.

삶을 변화시켜 나가기 위해서는

노력과 인내의 시간이 필요해요.

책을 친구삼아, 내 마음의 위안을 느껴봐요.
누군가의 뒷모습을 보며 안쓰러움이 느껴진다면
그것은 사랑이래요.

서로에게 따뜻한 눈빛과 사랑의 손길로 다가가,
안아주고 토닥이며
힘겨운 순간에 힘이 되어 주기로 해요."

## 감정을 들여다봐요

화가 나면 감정을 들여다봐야 해요.
고층으로 올라간 엘리베이터가 오랫동안 내려오지 않을 때
화가 나요.

'도대체 뭐 하고 있는 거야! 왜 이렇게 안 내려와?'
이렇게 화를 내며 지나갈 것이 아니라
나는 그때 왜 기분이 나빴지? 이렇게 들여다봐야 해요.
그러면 결국에는 감정이 사라지고 원인을 찾게 되죠.

택배기사님께서 물건을 전달할 때, 엘리베이터를 오랫동안

붙잡고 있는 경우가 많아요. 시간 여유가 있을 때는 괜찮지만, 저는 그날 치과 예약이 되어 있었고 진료 시간에 늦을 수도 있는 상황이었죠. 짜증을 내며 계단으로 내려가 치과에 뛰어갔어요.

치과 진료 시간에 늦을까 봐, 불안함 때문에 예민해지고 짜증이 난 거죠. 그 감정을 들여다본 후, '다음부터는 좀 더 여유 있게 출발하자.' 마음먹었죠. 이렇게 화가 날 때는 마음을 진정시키고 생각해 봐야, 원인이 보이고 해결책이 보여요.

감정을 표현 안 하고 살면요.
꾹 참았다가 한 번에 터트리게 돼요.
그러니까 꾹 참지 마시고, 내 감정의 단계를 느껴보고 살펴보세요.

의견 충돌이 있을 때, 불쾌한 감정이 일어나는 그 순간, 1부터 7까지의 감정 척도를 떠올려보는 거죠. 목소리를 높이기 시작할 때, 내 감정이 6까지 치솟는다면 긴 호흡으로 마음을 잠시라도 진정시켜봐요. 감정지수가 3-4로 내려왔다고 느낄 때쯤, 나의 의견을 차분하게 말해 보는 거예요.

**감정이 격해진 상태에서의 대화는**
나의 표정, 목소리, 태도에만 집중되어 상대방이 불쾌함을 느끼게 되고 그것이 문제가 되어 서로의 관계가 틀어질 수 있어요.

순간적인 감정이 태도가 되지 않도록 주의해야 하며, 나의 감정을 인식하고 상대방을 이해하려는 노력이 필요하지요.

스승님께서는 말씀하신다.

"제자님

마음이 건강해지려면 몸 상태도 체크를 해봐야 해요.
심박수, 호흡, 혈압, 혈당, 체중, 호르몬, 물질대사,
수면 및 영양상태 등이 안정적이어야 하죠.

컨디션이 계속해서 안 좋으면 마음 챙김을 실천해도,
부정적인 기분에서 벗어나기 힘들어질 수 있어요.

마음이 안정될 수 있도록,
몸과 마음을 잘 살펴보고 건강해지기로 해요."

# 희망 고문

 희망 고문의 뜻은
사람들의 희망과 기대를 부정적으로 이용하여 그들을 조종하거나 괴롭히는 행위를 가리키는 거예요.

우리는 마음이 힘들 때 타인에게 기대고 싶은 마음이 생기고, 그 순간 '희망 고문'에 잘 빠지게 되죠. 상대방이 지나가는 말로 가볍게 '툭' 던진 말에도 혼자 희망을 품고 기다리고 가능성을 기대해요.

저도 잘 그래요. 의지하고 싶으니까!
혼자만의 상상 속에서 기대를 키우고 실망과 좌절을 반복하죠. 그러다 결국 포기해버리며 '세상이 만만치 않아.' 하며 현실을 자각해요.

결혼 전 회사 다닐 때 보았던 한 커플의 이야기가 떠올라요. 오랜 연애 끝에 남자의 프러포즈로 결혼했죠. 2년쯤 시간이 흐른 뒤, 남자는 다른 여성에게 마음이 움직였고 결국 이혼 후, 회사 동료와 재혼했대요. 개명도 하고 타지 가서 아이 낳고 잘산다고 들었어요.

그 소식을 듣고 직장동료에게 "어떻게 그럴 수 있냐?"라며 흥분했더니 "남의 인생인데 그렇게까지 흥분하고 욕할 필요가 있을까?"라고 대수롭지 않게 반응하더라고요.

그러고 보니 세상을 살아가면서 내 삶에 집중하며 살아야 하는데, 다른 사람들의 삶에 더 집중하고 궁금해하고 나와 비교했던 것 같아요.

타인의 삶을 과도하게 판단하고 그것에 집중하는 것이 옳은지 돌아보게 되었어요. 나의 삶에 더 집중하고 다른 이들의 선택에 대해서도 존중해야 한다는 것을 깨닫게 되었지요.

🌿
스승님께서는 말씀하신다.

"제자님
'인생에서 가장 중요한 것이 무엇일까요?'
라는 질문에 보통 '행복'이라고들 말해요.
하지만 행복을 배워 본 적이 있나요?

삶을 바라보는 시각에 따라, 그리고
그 사람의 습관에 따라 우리 행복의 질은 좌우되지요.

시각을 조금만 달리하고 좋은 습관을 지닐 수 있다면
우리의 내일은 어제보다 반드시
행복으로 가득해질 수 있다고 확신해요.

평소에 내가 행복해지기 위한 노력에 힘을 기울여 봐요.
그런 노력을 많이 할수록
내가 언제 행복한지를 알 수 있고
행복을 찾아가는 갈림길에서도
좀 더 현명한 선택을 할 수 있게 되어요."

## 삶은 고통

우리는 살아가면서 폭탄을 맞을 수도 있고, 지뢰를 밟기도 해요. 그 이후 감당해내야 하는 삶의 고통 역시 각자의 몫이죠. 견뎌낼 수 있는 고통의 범위가 넘어서면 현실에서 벗어나고 싶잖아요. 그것이 회피성이라고 하더라도 자신을 보호해야 할 시점, 멈추고 도망가야 하는 순간을 제일 잘 아는 사람, 또한 자신이에요. 사람이 기절할 때 뺨을 세게 때리고 이게 꿈인지 현실인지 확인하려는 순간 세게 꼬집어 보는 것처럼요.

무성한 잔디도 아무도 밟지 못하도록 보호하는 계절이 있는 것처럼, 내 마음도 그럴 땐 잠시 모든 것을 멈추고 충분히 쉬어가도 된다고 생각해요.

사람 관계에서도 상대의 힘듦을 보면 나도 힘듦이 느껴지고, 상대의 기쁨을 보면 나도 기쁨이 느껴져야 그 사람과의 인연은 진실한 관계로 오래 남을 수 있어요. 아이가 목이 너무 말라요. 그래서 시원한 물을 준다고 해봐요. 아이는 시원한 물을 먹으니 그 순간 기분 좋고 엄마의 고마움을 느끼겠죠. 근데 엄마의 생각엔 물을 더 먹여야 할 것 같아서 500ml 물만 먹을 수 있는 아이에게 2L의 물을 먹인다면 어떻게 될 것 같아요? 아이는 기쁨을 느끼기도 전에 고통이 느껴질 수 있어요. 진정한 사랑의 관계는 500ml 물을 먹고 '이제 살 것 같네' 하는 그 순간까지만 물을 줄 수 있어야 한다는 거죠.

한 친구가 결혼 후 힘든 시간을 보낸 적이 있어요. 그녀의 시댁 어른들은 여유가 있으셔서, 즐거운 생활을 하고 계셨을 때예요. 그 친구는 일은 하고 있었지만, 월급이 많지 않았고 아이도 있었죠. 그러나 신랑의 벌이가 없어서 너무 힘든 시간을 보내고 있을 때였거든요. 그 시점에 시댁에서는 친구에게 둘째를 권유했어요. 시댁에서는 경제적으로 여유가 있었기 때문에, 아이를 하나 더 낳는 것이 큰 부담이 아니라고 생각했을지 몰라요. 하지만 정작 친구는 생활비 걱정과 육아 스트레스 속에서 하루하루를 버티는 중이었죠.

내가 여유가 있다면, 최소한 사랑하는 사람이 너무 고통스럽게 힘든 시간을 보내고 있는 건 아닌지 관심을 가지고 자세히 그 속을 들여다볼 수 있어야 해요. 목이 말라 죽을 것 같은 사람에게 물 한 모금 주는 것과 충분히 물을 먹은 사람에게 물 한 모금 주는 것이 같을까요? 도움이라는 것은 상대가 간절하게 손을 내밀며 도움을 요청할 때, 정말 목마를 때 물을 주는 게 도움이지, 상대가 도움을 요청하지도 않았는데 내가 도와주고 싶어서 도와주는 것은 어쩌면 상대를 위한 도움이라기보다는 그냥 내 마음이 편하기 위한 이기적인 행동일 수도 있어요.

사람들은 자신이 좋아하는 사람을 향해, 사랑하는 사람을 향해 시선이 가게 되잖아요. 친구는 소주 주량이 2병인데 1병을 마셨어요. 저는 소주 주량이 4잔이고 2잔 반을 마셨죠. 누가 더 힘들어질 것 같아요? 소주 2잔 반을 마신 제가 속이 안 좋고 상태가 안 좋았어요. 근데 1병 마신 친구만 챙겨요. 왜냐하면 그 사람을 더 좋아하고 사랑하니까! 그 친구 힘든 것만 보이고 보려 하니까 당연히 그렇지 않겠어요. 진심으로 상대를 아끼고 사랑하는 사람들 사이에 있어 보면요. 보이지 않게 얼마나 서로를 위해서 애쓰는지 몰라요. 그런데요, 과하지 않게 도를 넘지 않았으면 해요.

정말 좋아하는 음식인데, 제일 맛있는 부분을 과감하게 뜯어서 상대에게 줄 수 있는 사람, 기분 좋게 차 한 잔, 술 한잔 할 수 있는 그런 따뜻한 마음의 여유가 있는 사람, 그냥 보고 싶어서 연락하고 싶은 사람이 '우리'가 되길 바라보아요.

🌱

스승님께서는 말씀하신다.

"제자님
세상에는 틀린 문제는 있어도 틀린 인생은 없지요.
어깨를 활짝 펴고, 마음을 열고 서로의 눈을 보며
소통하는 시간을 많이 가져봐요.

상대가 알아주지 않으면
내가 먼저 간절하게 도움을 요청해보는 거죠.
도움을 못 받았더라도,

최소한 자신을 지키기 위해 노력을 해보는 거예요.

지금 내가 어떠한 위치에 서 있든!
지금의 나를 많이 응원하고 격려해요.
꿈은 이뤄지고, 새로운 꿈들은 언제나 꿀 수 있어요.
몸도 마음도 꼭 건강해지기로 약속해요."

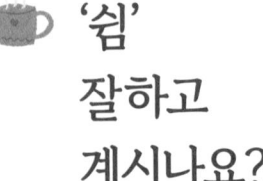 **'쉼'
잘하고
계시나요?**

잠자는 시간이 아까우신가요?
요즘 시대에는 잠자는 것이 정말 중요하잖아요. 불면증으로 고생하시는 분들이 너무 많다고 해요. 대체로 예민하고 불안할 때나 해야 할 일들이 많을 때 잠을 계속 줄여 신체 균형도 깨지고 체력도 약해지죠.

'쉼'은 몸과 마음을 건강하게 만들기 위해 꼭 필요해요.

**나만의 휴식 방법은요.**

### 하나 ▶ 내가 듣고 싶은 말의 영상을 찾아 듣기

자신감이 부족할 때는 자신감 향상을 위한 영상을, 마음이 속상할 때는 위로를 해주는 영상을, 기분이 가라앉아 있을 때는 웃음을 주는 재미있는 영상을 찾아서 마음의 평정심을 다시 찾아요. 그러면 마음이 한결 가볍고 편안해져요.

### 둘 ▶ 산책하며 땀내고 샤워하기

작은 숲의 산책로 걷기는 기분을 전환시켜 주고, 샤워는 피곤한 몸을 이완시키며 마음에 평안을 주지요. 특히 산책 시 맨발 걷기는 혈액순환을 도와 불면증이 개선되는 효과를 볼 수 있어요.

### 셋 ▶ 명상하기

몸이 예민하고 스트레스를 받을 때는 감정 버리기 명상을 해요. 그리고 내면을 들여다보며 나와의 대화로 문제를 해결하고 기분을 좋게 하죠. 꾸준한 명상 실천은 불안, 우울감을 감소시켜 마음을 편안하게 해줘요.

최고가 되어야지만 인정받을 수 있다고 생각하시나요? 그런 모습들만 사람들에게 보이기를 바라시나요?

'쉼'을 할 때도 사람들에게 멋지게 보이고 싶고, 고상한 휴식을 찾으며 화려한 사진들로 SNS에 흔적을 남기시는 분이 계신다면, 잠시라도 일상을 내려놓고 진짜 내 모습에 집중해봐요.

'쉼'은 자유롭고 자연스럽게, 원래의 내 모습으로 가장 편안한 상태에서 누릴 수 있지요. 휴식하면서도 불편해하고 가만히 있지 못하는 내 모습을 발견한다면, 깊은 내면의 소리에 집중하면서 '나는 원하는 삶의 방향으로 잘 흘러가고 있는가?'를 생각해요.

스승님께서는 말씀하신다.

"제자님

작은 충격에도 마음이 흔들린다면 내가 언제 행복한지, 무엇으로 충전하고 있는지를 알아차리고 자기만의 행복의 정의, 무엇을 할 때 진정으로 충전되는지를 아는 것이 중요하지요.

하는 일이 몸을 많이 움직여야 한다면 '쉼'을 할 때는 몸은 쉬게 하고 음악, 영화감상, 독서, 글쓰기를 해보시고, 평소에 앉아서 많은 일을 한다면 좋아하는 운동을 하며 몸을 많이 움직여 보는 게 좋겠지요. 몸과 마음이 지칠 때는 가볍고 편안하게 자연을 가까이 해봐요.

좋은 '쉼'으로 몸과 마음이 항상 건강하기를 응원해요."

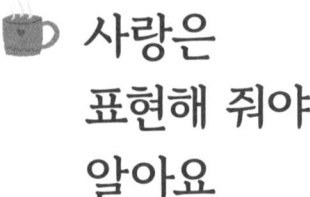 # 사랑은
표현해 줘야
알아요

**조건 없는 사랑은** 많이 표현해 주고 상대가 그것을 느끼게 해줘야 하죠.

사랑을 많이 받고 성장해야, 세상 밖을 박차고 나가 이길 힘, 잘 살아낼 힘이 생겨난다고 생각해요.

말로 표현하지 않으면 사랑받는다는 느낌이 안 들 수 있어요. 사람들마다 사랑의 표현 방식은 다양하지만, 뭐든 말과 함께 표현해 줘야 상대가 사랑받고 있다는 것을 알 수 있지요.

예쁘게 말하고 다정다감한 사람들과 함께 할 때는 기분도 좋아지고 존중받고 있는 느낌이 들어요. 그들은 일상적인 감정 표현을 할 때도 상대 기분을 공감하며 따뜻한 눈빛으로 사랑을 속삭여요. 그런 미소를 곁에서 지켜보는 것만으로도 '사랑하는 사이구나! 사랑 표현을 잘하는구나!'를 느낄 수 있죠.

어린아이부터, 노인까지 사람은 사랑받기를 원해요.

**따뜻한 마음을 상대가 느낄 수 있도록 다정하고 친절하게 말로 표현하는 습관을 들여 보아요.**

사랑은 주고, 받을 때 서로에 대한 마음의 온도가 올라가요.

마음이 힘든 순간, 내가 왜 힘든지를 잘 표현하지 못하고 이해받지 못했던 시간은 나를 스스로 고립시키고 자책하게 했어요.

저는 고등학교 때 소리 높여 말했죠.
방황하는 사람들에게 필요한 것은 '사랑과 관심'이라고요.
고등학교 2학년 신학기 때 담임선생님께서 반 전체 학생들을 상담하신 적이 있어요. 그 상담으로 인해 선생님께서 저를 이해해주려는 마음을 가지셨다는 것을 알게 되었고, 그 후 선생님의 관심과 배려로 학교생활이 재미있게 느껴졌어요.

누구라도 살면서 자유롭게 감정을 표현하며 살았으면 해요. 옛날 어르신들은 마음을 표현하지 않는 것을 미덕으로 아시잖아요. 근데 어때요. 화병만 생겨요. 마음의 표현을 안 하면 몸과 마음이 병든다고 생각해요.

자기표현을 어떤 방식으로든 자유롭게 표현하시는 분들과 이야기를 나누면, 여유가 느껴지고 평온해 보여요. 즐거운 마음으로 현재를 살아가기 위해 노력하죠.

좋아하는 사람, 사랑하는 사람을 마음에만 품지 말아요. 많이 표현해 주면 주변도 환하게 밝아지고 나도 사랑꾼이 되지요.

진짜예요. 한번 표현해 봐요. 그리고 그때 '행복해'라는 감정도 느껴보아요.

스승님께서는 말씀하신다.

"제자님
세상은 갈수록 다양성이 높아지고 개인의 목소리가 커져 갈등이 잦은 세상으로 변화하고 있어요.
상대와 다른 내 의견을 솔직하지만 부드럽게 말하는 연습이 필요하지요.

무엇보다 내 마음도 알아주고 상대 마음도 헤아릴 줄 아는 것이 중요해요.
마음의 소통으로 서로 격려하고 보듬어 주면서 사랑을 표현해 봐요."

# 상상의 힘으로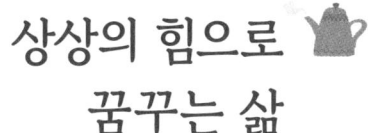
# 꿈꾸는 삶

강한 나무가 되려면 뿌리가 깊어야 해요. 뿌리는 흙 속에서 힘들게 자라지만, 그 덕분에 나무는 바람에 흔들리지 않고 굳건하게 서 있을 수 있어요.

우리 인생에서도 어려움과 고난은 우리를 성장시키고 더욱 강인하게 만들어줘요. 씨앗이 싹을 틔우고 꽃을 피우는 것처럼, 어려움을 극복하고 성장하면 우리네 인생도 아름다운 꽃의 정원을 만들어 낼 수 있겠지요.

주변에 잘난 사람들과 함께 생활하면서 나는 한 번씩 착각을 일으켜요. 그들과 동일시하고 서로 다른 환경을 비교하며 불필요한 자책과 우울한 감정을 만들어내죠.

현실과 이상의 괴리로 괴롭다면, 냉철한 시각으로 현실을 바라보고 목표가 아닌 현재 나의 속도에 맞게 가고 있는지 살펴봐야 해요. 진정한 행복과 성취는 남의 기준이 아닌, 내 기준에 맞는 소질과 역량을 발견함으로써 반짝이는 빛을 낼 수 있어야 하니까요.

그리고 자유롭게 만든 내 삶의 걸작품을 평가할 수 있는 사람은 자신이어야 해요. 다른 사람들의 시선에 얽매이며 평가에 의존하지 말고 나의 위치에서 어떻게 하면 좀 더 다양한 빛을 낼 수 있을지 노력해야 하죠.

상상의 나라에서, 나만의 꿈을 꾸며 그것을 향해 한 걸음씩 나아가 보는 거예요. 자유로운 상상력과 꿈을 향한 끊임없는 노력은, 우리의 삶을 더욱 풍성하고 의미 있게 만들어 줄 수 있어요.

글을 쓰다 보면 사색을 하게 되고 세상을 다른 시각으로 바라보며 새로운 질문과 해답을 찾을 때가 있죠. 일부 사람들은 그런 나의 모습을 엉뚱하다고 하거나 이상적이라고 말하기도 하지만 그런 미세한 생각 차이로 좋은 글이 탄생한다고 생각해요.

교향곡이 다양한 소리의 조합으로 아름다움을 만들어내듯이, 다양한 경험을 통해 내면의 소리와 풍경을 글로 표현해 봐요.

**운명이 레몬을 주었다면,
그것으로 레모네이드를 만들기 위해 노력하라.** - 데일 카네기

🌿
스승님께서는 말씀하신다.

"제자님

좋은 미래를 상상하면

더 나은 삶, 더 아름다운 세상을 그려볼 수 있어요.

마음에 어떤 상상의 씨앗을 품고 있나요?

좋은 상상이 좋은 미래를 가져올 수 있지요.

그 씨앗이 언젠가 현실의 꽃으로 피어날 것을 기대하며

오늘도 희망을 품고 꿈꾸는 용기를 가져보아요."

## 자기 돌봄의 위로

 몸과 마음이 힘든데, 연속해서 안 좋은 경험을 하게 되면 지치더군요. 행복한 순간을 꿈꾸는 것도 사치라고 느껴졌죠. 하지만 노년 되어 인생이 활짝 펴, 더 행복하게 사시는 분들을 보면서 그 순간의 행복을 맞이하기 위해, 더 잘 살아내야겠다고 다짐했어요.

 삶은 고통과 성장, 그리고 깨달음의 연속이라고 하잖아요. 갓난애는 갓난애라서 힘들고 20대는 20대라서, 40대는 40대라서, 60대는 60대라서 힘들다고 하죠.

저는 오랜 시간 동안 방황을 많이 했어요. 세월이 흐르면서 환경의 변화로 인해 많은 질문과 문제에 직면했지만, 그 해답을 찾지 못하고 해결되지 않는 문제들로 인해 힘들었죠. 마음의 여유가 생기면서 돌아보니, 삶은 자신이 처한 환경에 잘 적응해나가면서, 나만의 생활을 개척하고 즐겁게 지내는 방법을 익혀가는 것임을 깨닫게 되었어요.

*살면서 "행복해"라는 순간을 언제 느끼시나요?*

왜 바쁜 일상에서도 몰입하는 일들을 찾을까요?
　저는 글쓰기 할 때 몰입해요. 글의 세상을 통해 현실의 스트레스에서 벗어나 성취감을 느끼죠.
왜 멀리 있는 맛집을 검색하여 찾아갈까요?
　맛있는 음식을 사랑하는 사람들과 함께 나누고 웃음과 힐링을 통해 나의 몸과 마음을 행복하게 만들어주기 때문이에요.

왜 휴식과 수면이 중요할까요?

　휴식과 수면은 하루 동안 예민해진 나의 마음을 편안하게 해줘요. 피로를 해소하고 에너지를 재충전하여 새롭게 도전할 힘을 얻을 수 있죠.


*삶이 힘들어도 잘 살아가야 하는 이유는요.*
하루하루 힘든 삶을 지탱해 줄
소소한 기쁨과 작은 행복을 계속 찾을 수 있고
그것으로 나만의 삶을 만들어 나갈 수 있기 때문이라고 생각해요.


*지금 이 인생을 다시 한번 완전히 똑같이 살아도*
*좋다는 마음으로 살아라.* ―프리드리히 니체―

🌿
스승님께서는 말씀하신다.

"제자님

힘들 때 자신을 얼마나 위로하고 격려하나요?

뛰어난 적응력만으로 버티기엔 더 힘들어질 수 있어요.
우리가 세상을 살면서 꼭 필요한 것은
자기 돌봄의 능력이지요.

자기 돌봄은 자기합리화가 아니에요.
우리가 '괜찮아, 그럴 수 있어!'라고
위로의 말을 건네는 것은
고통과 비난 속의 나를 진정시키고 다독이며
무엇이 문제인지 살펴보면서 개선해 나아가자는 거지요.
나의 내면 자아를 안아 줄 수 있어야 하고

행복의 근육을 단련하며, 나만의 쉼,

공간을 잘 활용해 성장해 나가야 해요."

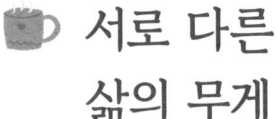 ## 서로 다른
## 삶의 무게

유튜브를 보다가, 자식을 떠나보내고 치매를 앓고 있는 한 할머니의 이야기에 시선이 멈추었어요. 아침 안개가 피어오르는 시골 마을, 한옥의 창호지를 통해 스며드는 햇살이 할머니와 딸의 모습을 따스하게 비춰요. 세월의 무게를 견뎌낸 할머니의 주름진 손은, 딸의 손을 꼭 잡고 있고 그 모습에서 말로 다 할 수 없는 사연과 그리움이 느껴졌어요.

일찍 남편을 여의고 큰아들에게 의지하며 살아오신 할머니께서는, 큰아들이 중병에 걸린 것을 알게 되고 두 손 모아 간절히 기도했어요. "우리 아들, 천년만년 오래오래 살게 해주세요." 그렇지만, 큰아들은 다음 해, 할머니 곁을 떠나갔어요. 그 상실감에 할머니는 치매를 앓게 되었죠.

파란 하늘 아래, 할머니의 눈빛에는, 먼저 떠난 아들에 대한 그리움이 느껴져요. 하지만 손자의 웃음소리가 울려 퍼질 때마다, 할머니의 얼굴에도 덩달아 미소가 번지죠. 그 미소는 봄날의 따스한 바람처럼, 꽃보다 고운 할머니의 모습을 그림 속 한 장면처럼 '찰칵' 담아내요.

때로는 할머니의 기억이 흐려질 때도 있지만, 딸의 따뜻한 돌봄과 손자의 사랑 어린 눈빛은, 할머니에게 편안함을 줘요. 좌충우돌 시골 일상에서 때론 웃음으로, 때론 눈물로, 할머니께서는 남겨진 가족들과 함께 행복을 만들어가고 있었어요.

시간의 강을 거슬러 흐르는 추억의 물결 속, 화면으로 보이는 할머니의 주름진 얼굴과 손길에서, 돌아가신 할머니와 외할머니의 온기가 느껴졌어요. 애지중지 키운 자식을 먼저 하늘나라로 떠나보내고 삶을 살아내야 했던, 그 마음의 무게가 얼마나 무겁고 깊었을까요? 그 슬픔은 마치, 끝없는 깊은 차가운 미로 속 땅굴같이 느껴져요. 할머니, 외할머니께서 하늘의 빛줄기를 타고 다시 만났을, 아버지와 어머니 곁에서 편안하고 깊은 잠을 주무시고 계시기를 기도해요.

🌿

스승님께서는 말씀하신다.

"제자님
지금 무슨 일이 일어나고 있는지를 자세히 살펴보고
자신이 할 수 없는 것과 할 수 있는 것을 구분하여
할 수 있는 것에 몰입해요.

힘든 순간일수록 지금에 깨어 있는 연습을 하시고
마음 챙김 연습을 통해 현재 순간에 집중하며
감정과 생각에 휘둘리지 않고 현실을 자각하는 힘을
지속해서 길러보아요.

그래야,
풍요롭고 더 나은 삶을 만들어 나갈 힘이 생겨나고
나만의 인생길에 아름다운 풍경을
만들어 나갈 수 있어요."

# 감정의
# 단어묘사

번아웃(burn-out) 상태가 오면 몸과 마음이 힘들어요. 그때, 우리는 쉼이나 내가 좋아하는 일들로 충전하며 탈출구를 찾죠.

저는 몸과 마음이 힘들면 '멍'해져요. 그리고 올라오는 여러 감정을 억누르기만 했더니, 감정들이 그 자리에서 계속 커져 큰 덩어리가 되었어요. 결국, 부정적인 감정은 나의 마음 한가운데, 크게 자리 잡게 되었고 감정을 파악하고 조절하는 것이 갈수록 어렵게 느껴졌어요.

그럴 때일수록, 우리는 내 안에 있는 감정에 대해서 잘 살펴봐야 해요.
내가 느끼는 감정에 대해서 단어를 붙이고, 분리를 시켜야 하죠.

부정적인 감정이, 앞에 크게 자리 잡고 버티고 있으면, 이유 없이 습관처럼 기분이 우울해져요.

우울한 감정이 느껴질 때, 모호한 표현으로 감정을 묻어버리기보다는, 자신의 감정을 명확히 인식하고 이름을 붙여, 감정을 더 솔직하게 표현해야 해요. 그리고 나와의 감정 대화로 감정을 이해해주며 달래고 다독여 부정적인 감정은 녹여서 내 마음에서 빼내는 거죠.

이유 없이 기분이 가라앉고 답답하고 숨이 턱 막히는 기분이 들어요. 이건 어떤 감정이지? 내 마음을 살펴보면요. '아, 이

건 외로운 감정에서 밀려오는 우울함이구나!'라고 알게 돼요.

우울함을 단순히 슬픔으로 느끼기보다는 '오늘따라 내 마음이 무겁고 우울하네'라고 인정해봐요. 그리고, 그 순간에 우울한 감정에서 벗어나 보는 거예요. '이제 기분을 바꿔볼까?' '좋아하는 음악을 들을까?' '산책할까?' 하며 우울한 감정을 회피하지 않고 적극적으로 좋아하는 일에 몰입해 보는 거죠.

다양한 감정을 잘 데리고 살기 위해서는 노력해야 해요. 모든 감정은 자연스럽고 정상적이지만, 부정적인 감정이 커져 그 정도가 심해지면 정신적, 신체적 문제로 이어질 수 있어요.

우울한 생각의 악순환을 멈추고, 그 감정을 일기장에 구체적으로 적는 것도 도움이 돼요. "나는 우울해"가 아닌 "나는 쉽게 피로해져. 하루가 끝나면 녹초가 되어 일이 재미없어지고, 점점 무기력해지는 게 느껴져"처럼 구체적으로 표현하는 거죠.

🌿
스승님께서는 말씀하신다.

"제자님
천천히 루틴을 만들어봐요. 새로운 취미를 찾아보는 것도 좋아요. 좋아하는 일에 열정과 에너지를 쏟다 보면, 울고 싶을 때는 실컷 울고 화가 날 때는 그 감정을 인정하면서 자연스럽게 감정의 파도를 타는 법을 배우게 될 거예요.

느껴지는 감정에 대해, 있는 그대로 충분히 느껴보고, 그 감정을 공감하며 긍정적인 에너지를 끌어내 보는 거죠. 감정을 억누르지 않고 솔직하고 구체적으로 많이 표현해 보아요.

내가 느끼는 감정을 알아주고, 인정하는 것만으로도 여러 감정이 함께 잘 어울려 편안하고 안정적인 화음을 만들어 낼 수 있어요."

## 아픔도 다리미로 '쫙' 펴요

　내가 세상을 떠난 이후
사랑하는 사람들 마음속에 어떤 사람으로 기억되고 싶나요?

추석 연휴 가족프로그램 예능을 보면서 마음이 '짠'했어요. 나이 구십을 넘기고 치매가 찾아온 한 어머니는 해맑게 웃는 모습이 참 고우셨어요.

노부부가 함께한 세월이 칠십 년, 그러나 몇 년 전 남편을 떠나보내셨죠. 그 이후 치매 증상이 좀 더 심해졌지만, 딸과 함께 평생 해온 노래를 부르며 옛 기억을 떠올리시더라고요.

그런 딸이 엄마를 향해 말해요.
"나의 가장 힘든 순간을 위로해주며,
내 곁에서 힘이 되어 주신 엄마가 딸에 대한 기억도,
함께 했던 그 소중한 순간도 기억하지 못하지만,
괜찮아요! 제가 엄마의 모든 것을 기억할 테니까요."

100세를 바라보는 엄마의 눈빛을 응시하며 삼십 년을 더 함께 살자고 말해요.

그 장면을 보면서 눈물을 흘리면서도, 감정이 무뎌지고 있는 저를 느낄 수 있었어요. 저는 부모님께서 일찍 돌아가셨기에 부모님이 할머니, 할아버지가 된 모습을 상상하기 어렵죠.

그들은 참으로 오랫동안 깊은 정을 쌓았구나! 칠십 년 이상을 부부로, 오십 년 이상을 자녀와 엄마로 잘살아낸 모습이 아름다워 보였어요. 지금은 치매로 음정, 박자가 정확하지는 않았지만 살아온 삶의 흔적을 노래와 목소리로 느낄 수 있었어요.

꽃 -김춘수-

내가 그의 이름을 불러 주기 전에는
그는 다만
하나의 몸짓에 지나지 않았다.

내가 그의 이름을 불러 주었을 때
그는 나에게로 와서
꽃이 되었다.

내가 그의 이름을 불러 준 것처럼
나의 이 빛깔과 향기에 알맞은
누가 나의 이름을 불러다오.

그에게로 가서 나도

그의 꽃이 되고 싶다.

우리들은 모두

무엇이 되고 싶다.

너는 나에게 나는 너에게

잊혀지지 않는 하나의 눈짓이 되고 싶다.

🌿

스승님께서는 말씀하신다.

"제자님

깊은 내면에서 진짜 내 사람을 알아보는 방법은요.

큰 사건이 터져보면 알 수 있어요.

급박한 상황 속에서도 나를 이해해주고
보이지 않는 배려와 사랑으로 내 곁을 지켜주는 누군가가
있다면요.
참 감사한 내 사람이고 내 인생에 따뜻한 온기가 느껴지는
순간이죠.

다리미로 구겨진 옷을 '쫙' 펴듯이
모든 사람의 고민, 아픔도
다리미로 '쫙' 펴지기를 바라요."

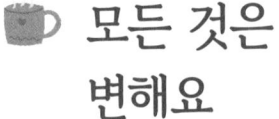 # 모든 것은 변해요

어릴 적에는 친구랑 놀며 맛있는 것을 먹고, 예쁜 옷 입는 것이 큰 행복이었어요. 신나서 자랑하며 칭찬받는 일, 가족과 함께하는 시간은 나의 마음을 즐겁게 했죠. 형제자매끼리 다투고 싸우는 일은 하루 일상의 루틴 같은 놀이였어요.

어릴 적에는 방 한 칸에서 다섯 식구가 옹기종기 붙어서 잔 적도 있어요. 자면서 발로 차여도, 내 옆에서 곤히 주무시는 부모님과 형제가 있어 행복하고 든든했죠. 시간은 평화롭게 잘 흘러갔고, 그런 순간들이 영원할 것처럼 자유롭게 살았던 것 같아요.

사계절의 풍경이 다르고 꽃이 피고 지듯, 세월이 흐르면서 주변의 환경, 사람도 변화했어요. 든든한 방패를 잃어버리고 보니 쏟아지는 화살을 무방비로 맞을 수밖에 없었고, 집에 기둥이 없어져 보니 집 전체가 무너지는 것을 볼 수 있었어요. 아무 준비 없이 온몸으로 태풍을 맞은 것은, 내가 너무 무지했기 때문이었을까요?

어른이 되고 나서야, 좋은 성품, 좋은 사람, 성숙한 어른, 좋은 환경, 좋은 교육이라는 단어가 왜 존재하는지 이해하게 되었어요. 그리고 나는, 좋은 사람인가, 좋은 어른인가를 생각해 보게 되었죠.

행복이 영원하지 않은 것처럼, 불행도 영원하지 않죠. 행복과 불행은 늘 함께 공존하잖아요. 그래서 *우리는 삶의 흐름을 읽을 수 있어야 하고 지금에 깨어 있어야 하며 자립하는 힘을 길러 내야 해요.*

탄탄한 방패 같은 어머니가 돌아가셨을 때, 나는 어떻게 해야 하는지를, 집의 기둥 같은 아버지가 돌아가셨을 때, 어떻게 대처하고 살아갈지를 생각해 봐야 하고, 나를 지켜낼 수 있어야 하죠. 극한 상황에서도 이겨낼 힘을 기르고 잘 살아내야 한다는 거지요.

돌발상황이나 큰 문제가 생겼을 때, 그 상황을 잘 살펴보고 적극적으로 주위의 도움을 요청하거나, 전문가를 찾아가 놓인 문제를 하나씩 잘 풀어나가는 자세가 필요해요. *다쳤을 때 아무 조치를 하지 않거나, 쓰러졌을 때 골든타임을 놓치면 더 큰 '화'를 불러오는 것처럼, 빠른 대처 능력은 중요하다고 생각해요.* 다양한 경험과 인간관계 속에서 많이 느끼고 깨우치며 성장하기를 응원해요.

스승님께서는 말씀하신다.

"제자님

인생은 한 컷 사진이 아니에요.

일상 속, 하루하루 즐거움의 누적이고

사람들 사이에서 느끼는 따스한 온정이지요.

그런 일상을 모아 우리는 '행복'이라고 해요.

우리의 사진에 똑같은 사진은 없어요.

1초의 시간 차이가 있거나 미세한 표정이 다르죠.

힘든 일상에서도 나의 일상에 '웃음'을 많이 깔아 놓으시고

수시로 많이 웃으며 행복의 빈도를 늘려 봐요.

그래야지만, 삶을 살아갈 에너지를 충전해 낼 수 있어요."

 # 삶의 리듬감

"아프니까 청춘이야, 힘내! 즐기는 자를 따라갈 수 없어."라는 말은 너무 형식적이고 현실과 이상의 괴리감이 느껴져요.

자신이 하는 일은 부분적으로 보면 적성에 맞거나 즐겁기도 해요.
근데, 깊게 들어가 보면 일의 즐거움과 현실의 압박 사이에 갈등이 존재하고, 많은 경우 실적과 생존을 위한 압박을 느낄 수 있어요.

삶은 스스로 답을 찾아가는 과정이고, 단순한 위로보다는 실제 고민과 어려움에 대한 공감과 관심이 필요하지요.

"엄마는 꿈이 엄마야?"
딸아이의 질문에 당황하며 웃었지만, 그 뒤로 빨래, 설거지를 하고 창문을 닦으면서도 생각이 났어요. 내 꿈은 뭘까? 설레었어요. 다시 삶의 리듬감을 느끼고 싶었죠.

*삶의 리듬을 타기 위해서는요.*
**나의 결핍된 부분을 채우기 위해, 피나는 노력으로 나를 일으켜 세울 때, 리듬을 탈 수 있어요.** 운동선수들이 경기 종료 1초를 남기고, 숨넘어가기 직전까지 뛴다고 하잖아요. 그리고 또 다음 날 바로 훈련에 들어가죠. 그 훈련을 즐기기만 하는 선수는 없을 거예요. 공부하는 일, 아이를 낳아 키우는 일, 생업을 위해 돈을 버는 일들도 책임감이 따르고 힘들죠. 그렇지만, 우리는 그 과정에서 울고, 웃어요. 그런 여러 경험이 반복적으로 이어져야지만, 고통 속에서도 힘을 낼 수 있

고 나에게 맞는 삶의 리듬을 만들어 낼 수 있다고 생각해요.

무대 위에서 화려한 가수, 배우만 주인공인가요.
우리의 삶도 파란만장한 현실 속의 주인공이잖아요.
울고 웃는 일상에서, 아름다운 한 장면의 '한 컷'은 나만이
만들어 낼 수 있어요.

**거울 속에 비치는 사랑하는 주인공에게**
*많이 웃어주고 자신감과 용기를 가질 수 있도록*
*위로와 격려를 많이 해보아요.*

🌿
스승님께서는 말씀하신다.

"제자님

나는 지금의 위치에서 행복한가?

나는 몰입하며 즐겁게 지내는 시간이 있는가?

위 질문 중에서 하나라도 "예"라고 대답할 수 있다면

잘 가고 있다고 생각해요.

행복과 몰입이라는 보상으로 우리는 또 다른 아름다운

삶의 일상을 만들어 낼 수 있어요."

# 유연한 사고

더러워진 걸레를 몇 차례 세탁한다고 해서 새 수건처럼 되기 어렵고, 탈색된 상한 머릿결을 새 머리카락처럼 되돌릴 수 없죠. 무엇이든 한번 손상되면 복원이 어려운 것처럼 마음도 그런 것 같아요. 깊게 상처받은 마음은 회복할 순 있지만 지울 수 없는 흔적을 남겨요.

오랫동안 묵혀 심하게 꼬여버린 실은 시간이 걸리더라도 풀어야 한다고 생각해요. 실을 풀다가 끊기면 매듭을 지어 실을 이어야 하고, 실이 너덜너덜해져 있으면 매듭으로 조절해서 미끈한 실로 잘 연결해야 하죠.

실이 나에게 당장 필요한데, 꼬여진 실만 있고 그 실 안 풀고 그대로 두면 마음이 어때요? 불편하고, 답답하고 불안하겠죠. 그 실이 만약, 내 인생이 될 수도 있다면요.

내가 태어나는 순간 한번 울음을 터트리고 눈을 떴는데, 앞에 있는 내 실이 이미 꼬여 있다고 하면 반드시, 풀면서 살아가야 한다고 생각해요. 실뭉치 전체가 꼬여 있는 실은 잘 없어요. 미끈하고 튼튼한 실이 아주 짧게만 남아 있어도 그 실이 나를 '될 놈'으로 바꾸어 인생 역전을 만들 수도 있잖아요.

"시험을 쳐서 꼴찌 하면 공부할 필요 없는 거 아니에요?"라고 생각 없이 던진 말에 어머니께서 말씀하셨어요. "시험성적이 꼴찌라고 하더라도, 공부를 한 것과 하지 않은 것은 큰 차이가 있단다." 아버지께서는 고등학교 때 힘들어하며 처져 있는 저를 보며 말씀하셨어요. "학교 다닐 때 일등과 꼴찌는 종이 한 장 차이야. 그렇지만 사회에서의 일등과 꼴찌는 엄청난 차이가 나는 거야."

이 말씀들은 지금도 제 삶의 나침반이 되어 주고 있어요. 꿈을 향해 가는 길에서 자신감을 잃고 주저할 때마다, 이 말씀들을 떠올리며 남들보다 조금 늦더라도 제 속도로 꾸준히 전진할 수 있는 원동력이 되어 힘을 내곤 하죠.

**삶을 잘 살아가기 위해서는요.**
내 안의 중심을 잘 잡고 에너지를 자유롭게 활용하여 삶의 가치를 표현하면서, 스스로 느끼고 깨달으면서 성장해 나아가야 해요.

*1920년대 늦겨울 뉴욕의 어느 골목길에서 맹인은 구걸해요. '나는 맹인입니다.'라고 쓴 팻말을 목에 걸었지만, 돈을 주는 사람은 없었지요. 우연히 그 모습을 목격한 시인 앙드레 불톤은 가던 길을 되돌아와서,*

팻말의 문장을 '봄이 곧 오는데 나는 볼 수가 없습니다.'로 고쳤더니 금방 빈 깡통에 지폐와 동전이 수북하게 쌓였지요.

'봄'이라는 단어가 따뜻한 햇볕과 좋은 풍경의 모습을 상상하게 만들고 사람들이 마음을 열게 했죠. 생각, 표현의 차이가 내 삶에 따뜻한 마음의 온기와 풍요를 만들어낼 수 있어요.

스승님께서는 말씀하신다.

"제자님
주어진 환경을 변화시킬 수 없다면, 다양한 관점으로
생각할 수 있는 유연한 사고를 많이 길러봐요.

생각하는 대로, 말하는 대로, 행동하는 대로
이뤄질 수 있는 곳이 또 우리가 사는 세상이지요."

말의 힘이 나의 좋은 미래를 부르고, 좋은 말이 좋은 사람
을 부르죠.
긍정적인 변화를 끌어내기 위해 행동해 나가다 보면
우리는 더 나은 세상을 만들어 낼 수 있어요."

# MZ 세대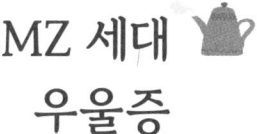
# 우울증

요즘은, 어린 시절부터 학교에서 심리 검사를 실시해요. 마음의 건강을 돌보는 것이 우리 사회에서 점점 더 중요한 가치로 자리 잡고 있죠. 체력과 신체 건강을 위해 즐겁게 운동하며 시간을 투자하는 것처럼, 마음의 건강을 위해서도 꾸준히 자신의 감정을 인식하고 표현하는 법을 배워나가는 것이 필요해요.

아이들이 웃고 울고 화내는 감정 모두를 건강하게 표현할 수 있도록 도와줄 때, 정서적으로 더 단단해지고 행복감도 높아진다고 생각해요.

*요즘 MZ 세대라고 불리는 젊은이들이 호소하는 우울증은요.* '사회적 우울증'으로, 겉으로는 괜찮아 보이지만 자신의 우울감, 힘듦을 이야기하며 휴가를 다녀오고 몸과 마음을 챙기죠. 통닭을 먹으며 웃으면서 영화를 보는 모습들은 어른들을 착각에 빠트리기도 해요.

그러나 이들도 사회적 활동에 어려움을 겪는 일이 오랜 시간 지속된다면 문제가 생길 수 있어요. 상사 눈에는 가벼워 보이고 쉬워 보이는 일들과 일상들이 그들에게는 너무 어렵고 힘들 수 있다는 거지요.

'코로나 시즌에 마스크를 쓰고 입학 후 졸업하게 된 중, 고등학생 친구들의 우리 어른 되어서 졸업사진을 봐도, 지나가다가 만나도 서로 알아보기 힘들겠다.'라는 이야기.

친구들과 1박 2일로 놀러 가면서, 펜션 안에서 예쁘게 사진

찍는 일이 제일 즐거운 일상이라고 말하는 친구들의 이야기

게임이나, 가상 속의 캐릭터로 대화하며 진정한 자기 모습과 혼동하는 친구들의 이야기

모두 나의 10대, 20대 모습과는 다른 모습들이죠.

우리는 정말 편안한 상태일 때, 혼자 즐겁게 있을 때, 잠을 자고 있을 때는 생각을 잘 일으키지 않지요. 그런데 외부의 환경적인 요인이나 사람들의 다양한 행동, 사건 사고들로 인해 긍정적, 부정적 감정들과 생각들이 일어나요.

**'나는 사람들에게**
*어떠한 감정과 생각을 불러일으키며 살아가고 있는가?'*

어찌할 수 없는 환경적인 요인으로 부정적인 감정이나 생각이 불러일으켜진다면, 반대로 나로 인해 사람들에게 긍정적

인 감정이나 좋은 생각을 불러일으킬 수도 있다는 거예요.

저는 주변에 감성적이지 않고 현실적으로 생각하는 이들에게, 마음을 나누는 시간에는 이성보다는 '감정'에 집중하고 공감할 수 있어야 한다고 강조하죠. 누군가는 그 말의 영향 덕분에 자녀와의 관계가 좋아졌다고 하더라고요.

내 아이, 나의 주변 사람들에게 좋은 영향을 줄 수 있도록 긍정에너지를 많이 전파하여 좋은 감정의 기억을 많이 만들어 봐요.
우리의 몸과 마음에 좋은 감정의 기억이 많이 담기면 우울증이라는 감정들도 서서히 옅어질 수도 있지 않을까요?

스승님께서는 말씀하신다.

"제자님

칼의 쓰임은 다양하지만, 사람을 살리는 의사의 칼처럼

무엇을 선택해서 어떻게 행동할지는 자신에게 달려 있고

그것이 '나'를 만들어요.

작은 불씨의 불빛도 다시 살려낼 수 있다면

시력을 잃은 이에게 찾아온 안내견처럼

작은 희망의 빛을 낼 수 있지요.

주변 사람들에게 희망과 영감을 줄 수 있는,

선한 영향력을 행사할 수 있는 행동을 선택해 보아요."

## 인연

　인연이라고 하죠.

딸아이가 눈을 떴는데, 그 옆에 내가 있었던 것처럼 저도 눈을 떠보니 아버지, 어머니가 계셨고 내 옆에 형제들이 있었어요.

그리고 깊은 인연과의 작별도 시작되었죠.

중학교 시절, 요즘처럼 환경이 좋지 않았던 장례식장, 시멘트 바닥에 자리를 깔고 절을 하고 밤이 깊어져 졸았어요. 그리고 눈을 떴을 때 어머니가 내 옆에 없다는 생각에 너무 슬퍼서 펑펑 울었던 그 날, 내가 가장 의지하고 사랑한 어머니를 깊은 고통과 슬픔으로 떠나보내야 했던, 내 생애 처음 겪는 이별의 아픔이 시작되었죠.

29세 찬 바람 불던 내 생일날, 아버지와 함께 생일 노래를 부르며 축하받을 생각에 분주하게 움직이며 퇴근 준비하던 그때, 아버지의 부고 소식을 듣고 세상을 다 잃은 것처럼, 너무 슬펐던 그 순간, 그렇게 저는 정신적 지주였던 너무나 사랑한 아버지를 떠나보내며 고통과 슬픔을 다시 경험했어요.

결혼 후 아이를 낳고 몸과 마음이 지쳐있던 그 시절, 아이가 100일이 될 무렵, 가장 든든하게 오래 곁에서 함께 해주신 할머니와도 마지막 작별 인사를 했어요.

사랑하는 사람의 삶을 정리하는 과정을 지켜보고 곁을 지킨다는 것은, 각자의 위치에서 힘든 순간도 겪게 하지만 그 과정 속에서 서로에게 깊은 신뢰와 의지를 느끼게끔 만들지요.

살면서 밀려드는 압박과 스트레스를 견디지 못해, 나를 공격하고 괴롭히게 되는 순간들이 있어요. 그때 몸과 마음이 약해지고 운이 안 좋으면 질병에 노출되기도 하죠.

힘들고 지치는 환경 속에서도 자신을 돌보는 시간을 가져보아요. 내가 요즘 무엇에 관심이 있는지, 만나는 사람은 누구인지, 생활방식은 어떤지를 살펴봐야 하죠. 나를 사랑하고 격려, 위로, 칭찬하며 돌봐 줄 사람은 '자신'이어야 해요.

사랑하는 사람들의 죽음을 지켜보고, 그들의 악착같은 삶의 이야기를 나눴어요. 자신을 지켜내기 위해 더 열심히 살려는 모습들을 지켜봤지만, 운명이 정해 놓은 작별 앞에서 어찌할 방법은 없었어요.

내 의지와 상관없이 일어나는 현상들은 내가 어찌할 수 없는 자연스럽게 흘러가는 자연의 이치겠지요. 이 모든 것을 순리대로 받아들일 줄 알고, 인정할 수 있어야 몸과 마음도 자유로워지는 것 같아요.

🌿

스승님께서는 말씀하신다.

"제자님
지혜는 경험을 통해 얻은
삶의 이해와 통찰력을 의미하지요.
모든 경험은 삶의 갈림길에서
현명한 선택을 할 수 있는 지혜를 줘요.

우리가 얻은 지혜를 실생활에 적용하고,

다른 사람들과 나누며

더 의미 있는 삶을 살아갈 수 있어요.

자신에게 질문하고 답을 찾아가며

성숙하고 매력적인 어른으로

성장해 나가 보아요."

# 나만의 트랙에서 탈출

우리 집 토리는 작지만 놀라운 생명체예요. 손톱만 한 체구의 햄스터지만, 그 작은 몸에서 뿜어져 나오는 독립성과 자신감을 바라보고 있노라면 묘한 안정감이 느껴지죠. 자신만의 영역 안에서 쳇바퀴를 열심히 돌리거나 케이지 천장에 매달려 노는 모습은 언제 봐도 미소 짓게 해요.

토리의 일상은 참 단순해요. 배고프면 먹고, 목마르면 물 마시고, 피곤하면 태평스럽게 자요. 하지만 그 단순함 속에는 완벽한 질서가 있죠. 가끔 토리가 앙증맞은 앞발로 얼굴과

털을 정성껏 손질하는 모습, 이빨이 자라지 않도록 무언가를 끊임없이 갉아먹는 모습을 보면 본능적이면서도 철저한 자기관리에 감탄하게 돼요. 매일 좁은 공간, 같은 일상의 반복 속에서도 토리의 표정은 언제나 평온하고 귀엽죠.

토리는 자신의 의견도 분명해요. 만지려 하면 예외 없이 깨물어버리는 경계심도 확실하죠. 함께한 2년 동안 한 번도 만져보지 못했지만, 그 행동은 토리의 마음 표현으로 생각되어 존중하게 됐어요. 그런 단호함과 독립성을 닮고 싶어요.

토리와 나의 가장 큰 차이는 아마도 '생각'의 무게겠죠. 토리는 과거와 미래에 대한 걱정 없이 오직 현재만을 살아가요. 반면 나는 불안과 걱정이라는 무거운 감정들을 등에 짊어진 채 사는 것 같아요. 그 무게가 때론 삶의 즐거움과 평화를 앗아가기도 하죠.

케이지 안에서 단순하게 살아가는 토리를 바라볼 때마다, 무거운 마음을 조금 내려놓는 지혜를 배우게 돼요. 먹고, 자고, 노는 것이 토리에게는 당연한 그 단순함이 나에겐 때론 어려운 삶의 기술처럼 느껴질 때가 있죠.

토리처럼, 모든 생각을 내려놓고 지금, 이 순간만을 살아보는 것. 그것이 행복으로 가는 지름길이 아닐까요?

올림픽 유도 경기 장면이 인생의 축소판처럼 느껴질 때가 있어요. 한 선수는 온 힘을 다해 위에서 상대를 누르고, 또 다른 선수는 그 무게에 맞서 일어서려 안간힘을 쓰죠. 그렇게 팽팽한 긴장 속에 시간이 흐르고, 경기가 끝나면 서로를 툭 치며 격려하는 모습이 참 인상적이에요. 4년이라는 시간을 오롯이 바쳐 준비한, 단 몇 분의 승부, 그 짧은 순간에 웃고 우는 선수들의 모습에서 우리 삶의 모습처럼 느껴져요.

운동경기에서의 힘겨운 순간과 서로의 응원은 인생에서도 중요한 부분이죠. 우리는 힘든 시간을 겪고, 때로는 누군가의 도움을 받아 일어서는 과정을 반복하며 성장해 나가잖아요.

시합할 때도 이기고 싶죠. "버텨. 견뎌." 견뎌내고 있는 사람은 누구인가요? 스스로, 열심히 독하게 이겨내고 싶어, 버티고 있는 거잖아요. 현재 힘든 환경 속에서 도망가고 싶지만 버티고 있다면 결국 그 선택을 마지막에 결정한 사람은 '자신'이에요.

우리는 불확실성 속에서 스스로 선택과 결정을 통해 삶을 만들어가지만, 그 과정에서 성장하게 되는 것 같아요.

스승님께서는 말씀하신다.

"제자님
마음의 눈에 카메라 기능을 작동시켜서
마음에 담아둘 수 있는 눈을 확장 시켜 봐요.
내가 보고 싶은 것들, 내가 보지 못한 것들,
지금 있는 그대로의 풍경들을
다양하게 마음의 눈으로 찍어 보시고
그 소리에 집중해요.

때로는 나만의 트랙에서 벗어나서
그간 보지 못했던 새로운 것들을 보면서
변화하는 내 모습을 느껴보는 거죠.
지금의 즐거움과 내일의 희망이
행복이라는 트랙으로 돌아갈 때,

그 속에서 다시 나만의 인생의 답을 찾을 수 있어요.

우리는 사는 동안 끊임없이
인생의 답을 찾아가며 살게 되겠지만,
그 어디에도 정해진 답은 없어요.
나만의 정답만 존재할 수 있지요."

## 가치 있는 연결

*어떤 결정을 할 때, 진땀 나고 힘드신가요?*

오늘 저녁으로 무엇을 먹을지 고민된다면, 좋아하거나 평소에 즐기는 음식으로 하나 선택해서 먹어보는 거예요. 매운 닭발과 소맥 또는 스테이크와 샐러드 중에서 고민할 필요 없이 먼저 눈길이 간 쪽으로 하나를 골라서 먹어보는 거죠.

저는 친구와 어디서 만날지 정할 때, 카페와 쇼핑몰 중 고민되면 그냥 먼저 떠올린 장소로 선택해요. 결정을 내린 후에는, 그 선택을 즐기면 되고 결과는 선택된 경험으로 체감해요.

결혼이나 이혼 같은 큰 결정도 마찬가지라고 생각해요. 결혼한 사람의 삶과 독신의 삶을 동시에 경험할 수는 없으니까요.
만약 '결혼해야 할까? 이혼해야 할까? 그냥 이대로 살까?'를 고민하고 계신다면 신중히 생각 후 결정하시고 그 결정의 삶에 집중해야 해요. 어떤 결정을 내리든, 그 결정이 가져올 경험과 결과를 통해 우리는 성장하고 배울 수 있으니까요.

결국, 인생은 선택의 연속이고 그 선택으로 삶의 방향도 달라지죠.
내가 선택한 것에 후회할 수도 있지만, 경험했기에 알 수 있어요.
그래서 무엇을 선택하고 결정할 때, 강박으로 스트레스받으며 나를 괴롭히지 말아요. 마음이 움직이는 방향으로 선택해 보고 그것에 집중하는 것이 좋다고 생각해요. 그 이후 결과는 내가 만들어 나갈, 나의 길이죠.

때때로 사람들은 상대의 가치를 자신들의 틀에 맞춰서 매기고 판단하려고 해요. 평소에 갖고 있던 나에 관한 생각과 나를 아는 만큼의 신뢰와 믿음으로 말이죠. 하지만 상대방의 알 수 없는 소중한 미래의 가치는 함부로 말할 수 없어요.

저는 제일 중요한 학창 시절에 시험에 대한 심리 불안증이 생겨, 공부에 집중하는 것이 어려웠어요. 그래서 공부에 대한 결핍이 지금도 있죠. 그런 저를 보며 사람들은 "공부에는 관심 없구나" 했지만, 최선을 다해보지 못한 아쉬움에 늘 마음에는 공부에 대한 갈망이 남아 있어요. 무지했던 그 시절, 미래의 꿈에 대한 애착보다는 당장 눈에 보이는 것에만 집중하며 시간을 보냈어요. 삶은 타인의 시선을 중점에 두는 것이 아니라, 내가 중심이 되어 고민하고 선택하며 최상의 결과물을 만들어 낼 수 있어야 한다는 것을 늦게 깨달았죠. 그렇지만 내가 많이 방황할 때도, 항상 저의 가능성을 믿어주고 지지해주는 사람이 있었기에 언제나 용기 내어 새로운 꿈을 꾸며 도전하게 되는 것 같아요.

나의 가치를 알아주는 사람이 있다는 것은, 상상해오던 꿈들을 현실에서 실현할 힘을 줘요.

스승님께서는 말씀하신다.

"제자님
행복한 마음도 우리의 선택으로 채울 수 있어요.

나를 응원하고 지지해주는 사람을
선택하고 그들과 함께 해봐요.
그들이 진정 행복의 천사들이죠.

평온한 상태의 마음을 잘 기억하고 유지해 보아요.
그 마음이 나를 행복으로 이끌어 줄 거예요.

오늘 하루도 평온한 하루 되시고
진심으로 꿈을 응원해요."

# 사랑하라,
# 한 번도 상처받지
# 않은 것처럼

누군가를 좋아하고, 사랑하는 일은 행복한 일이지요.

내 마음속에 사랑하는 사람이 살고 있고
상대의 마음속에 내가 살고 있을 테니까요.

**마음속에 사랑하는 사람들의 공간이 있으신가요?**
삶의 분주함 속에서도 사랑하는 이들을 마음에 담는 순간들은 미소를 짓게 해요. 한 번도 상처받지 않았던 것처럼 다시 온전히 사랑할 수 있는 용기, 그것이 우리의 마음을 다시 일으켜 세우지요. 세상 모든 것을 품은 듯한 충만함과 행복은 무언가를 온 마음으로 사랑할 때 비로소 찾아와요.

사랑하는 가족과 함께하는 여행은 일상의 틀에서 벗어나 새로운 추억을 그려내고, 오랜 친구들과의 작은 일탈은 내 마음의 감성을 다시 깨워요. 그리고 사랑하는 사람과 매일의 소소한 일상을 함께 엮어갈 때, 행복이란 단어로 더욱 선명한 색을 입혀 나갈 수 있어요.

결혼 전 신랑이 청혼한 날이 기억나요. 서로의 마음을 확인하던 그 순간, 심장은 크게 울려 퍼지고 온몸에 전율이 흐르던 그 감각, 세상 전부를 품에 안은 듯한 벅참, 그 사람의 따스한 마음 온도가 나를 소중한 존재로 온전히 느끼게 해줬죠.

바쁜 일상 속에서도 작은 행복들을 놓치지 않는 섬세함을 가져보아요. 문득 미소 지어진 순간, 그 자리에 함께하는 이와 그 기쁨을 나누고, 주변에 행복의 씨앗을 뿌려보는 거죠.

우리의 미소가 누군가에게 또 다른 미소를 선물할 수 있으니까요.

삶은 결국 이런 작고 소중한 순간들의 모자이크가 아닐까요? 때로는 힘들고 지치더라도, 사랑하는 마음만은 잃지 않는다면, 어떤 어둠 속에서도 다시 빛을 발견해 낼 수 있어요.

**마음을 담은 선물 어때요.**
*사랑하는 그녀에게, 그에게.*

**사랑을 위한 기도 中** - 양광모 -

내가 사랑하는 사람이
나를 사랑한 사람보다 많게 하소서

나를 사랑하는 사람보다

더 깊이 그를 사랑하게 하시고

나를 사랑하는 사람보다

더 오래 그를 사랑하게 하소서

나를 사랑하는 사람보다

더 뜨겁게 그를 사랑하게 하시고

나를 사랑하는 사람보다

더 순결하게 그를 사랑하게 하소서


사랑 속에서, 오직 사랑의 힘으로 깨닫게 하소서

스승님께서는 말씀하신다.

"제자님

세상을 살면서 돈도 중요하고 명예도 중요하지요.

그렇지만,

사람 사는 세상에는 믿음을 기초한 사랑이 필요해요.

누구를 사랑하고 계시나요?

어떠한 사랑을 만들어가고 있으신가요?

사랑하고, 사랑받으며

미소 짓는 일들이 가득하길 바라요."

# 행복을 찾는 여행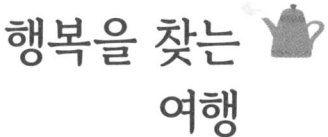

'행복'이라는 단어를 두고, 왜 사람들마다 의미를 다르게 부여하고 느끼는 것이 다를까요?

"스승님께서는 감성이 풍부하셔요. '이별'이라는 이야기를 하실 때, '이별'의 글을 쓰실 때, '이별' 노래를 들으실 때, 옛날에 느꼈던 감정 기억을 되살리시죠?"

"아니요. 저는 그 순간 상대방의 감정에 공감하고, 함께 느끼면서 이야기를 나누지요."

"스승님 번아웃 올 때나 힘들 때, 아무것도 하지 말라고 하시더니 왜 그리 바쁘게 사십니까?"

*"여기서 말하는 아무것도 하지 말라는 것은, 진짜 아무 일도 하지 말라는 것이 아니라, 내가 평소에 하는 일에서, 좀 더 해내려는 노력에 대해 잠시 쉬어도 좋다는 의미지요."*

행복도 삶을 바라보는 눈높이에 따라 달라지는 것 같아요.

손바닥 위의 동전만큼 작은 원 안에서 행복을 찾을 땐, 아침에 마시는 따뜻한 커피 한 잔, 걸을 때 느껴지는 바람 소리, 창가에 내리는 빗소리가 행복으로 느껴져요.

우주처럼 넓은 시선으로 행복을 바라볼 땐, 인생의 큰 흐름, 존재의 의미, 세상과의 연결감이 행복의 무게로 체감해요.

어떤 날은 작은 원 안에서 행복을 찾아야 할 때가 있고, 또 어떤 날은 우주로 시선을 확장해야 마음의 평화를 얻는 때도 있죠. 가끔은 1층에서, 가끔은 20층에서, 때로는 옥상에서, 혹은 지하실에서도 각기 다른 행복을 만날 수 있다는 것을 알게 되었을 때, 비로소 삶의 모든 높이에서 행복을 발견하는 법을 배우게 되는 것 같아요.

결국 행복이란, 시선의 높이를 자유롭게 오르내릴 줄 아는 마음의 유연함이 아닐까 생각해 보아요.

저는 다시 행복 찾기라는 여행을 떠나요.

생각의 감옥에 갇혀서, 내 안에서의 행복만을 찾았다면 넓은 세상에서 많은 사람과 함께 보물찾기를 시작해볼까 해요.

아름답고 따뜻한 화려한 세상을 글로 펼쳐내는 것이 여행의 목표예요.

저와 함께 행복 여행 떠나보실래요?



🌿
스승님께서는 말씀하신다.

"제자님
세상이 나를 깨우게 그냥 두면
내 마음 안에 상처가 날 수 있어요.

그래서,
내가 세상을 먼저 깨어보는 거예요.
내 마음 안의 세상이 일어나 밝아져야

외부의 세상도 밝아져요.

스스로 세상의 밝은 빛을 발견해 내고
그 밝은 빛을 더 크게 키워봐요.

행복한 순간을 많이 만들어서
주변에 새로운 행복 씨앗도 뿌리고
즐거운 감정의 순간도 자주 느껴보며
성장하기로 해요."

## 마음아, 아직 힘드니

초판 1쇄 인쇄일 2025년 4월 30일

| | |
|---|---|
| **지은이** | 서유미 |
| **펴낸이** | 조정인 |
| **디자인** | SE Haus |
| **마케팅** | 나윤채 |
| **마케팅 지원** | 황유진 |
| **경영지원** | 라동진 |
| **펴낸곳** | 에듀래더 글로벌 |
| **출판등록** | 제2023-000020호 |
| **주소** | 경기도 구리시 건원대로 36 902-1-9 |
| | 서울특별시 강남구 테헤란로 83길 18 4층 |
| **전화** | 070-4079-2579 / 010-7905-2579 |
| **이메일** | eduladder@naver.com |
| **홈페이지** | www.eduladder.co.kr |

ISBN   979-11-992476-5-9

가격 13,000원

이 책은 저작권법의 보호를 받는 저작물이기에 무단 전제와 무단 복제를 금하며 책의 내용을 사용하기 위해서는 저작권자의 동의를 받아야 합니다.
잘못되거나 파손된 책은 출판사 또는 서점에서 교환해 드립니다.